Valeria Panzetta

TUTELA E SALVAGUARDIA DELLE CITTÀ-
BIBLIOTECHE NEL DESERTO

ISBN 978-1545253106

VALERIA PANZETTA

TUTELA E SALVAGUARDIA DELLE CITTÀ-BIBLIOTECHE NEL DESERTO

Tesi di laurea in Bibliografia e Biblioteconomia

INDICE
CAPITOLO PRIMO
LA COOPERAZIONE INTERNAZIONALE

CAPITOLO SECONDO
LA MAURITANIA E IL PROGETTO "SALVAGUARDIA DELLE BIBLIOTECHE DEL DESERTO"

CAPITOLO TERZO
I MANOSCRITTI ARABO-ISLAMICI

Introduzione

I luoghi in cui, nel corso della vita, si spingono gli uomini viaggiando per motivi di studio o di lavoro o per puro piacere della scoperta lasciano il segno. Capita, quindi, di abbandonare seppur momentaneamente la zona di sicurezza quotidiana per affrontare viaggi in posti lontani, catapultati in realtà completamente differenti. Certe esperienze di vita spingono inevitabilmente ad una seria riflessione su cosa si possa fare di concreto per migliorare il mondo, contribuire a preservare quanto di bello e prezioso ancora esista.

Si è ritenuto prioritario prendere in considerazione il ruolo che riveste l'Italia nell'ambito della cooperazione internazionale, proponendo un caso di successo come il progetto "Salvaguardia delle biblioteche del deserto" in Mauritania, tutelando un patrimonio culturale dal valore incalcolabile.

Commercializzati lungo le rotte carovaniere del Sahara (contribuendo di fatto all'islamizzazione della grande regione dell'Africa occidentale) in modo particolare a Chinguetti, città talmente ricca di risorse librarie da essere definita nel mondo occidentale come la «Sorbonne del deserto»[1], i manoscritti redatti in calligrafia araba rappresentavano le fonti del sapere essenziale, attraverso cui gli avi studiavano le scienze, l'astronomia, il diritto, la religione. Malgrado gli sforzi compiuti dai proprietari che hanno trasmesso questi autentici tesori di padre in figlio, permettendo che fossero custoditi all'interno di biblioteche private sino ai giorni nostri, una grande quantità di manoscritti presentava danni di tipo meccanico.

Ciò era dovuto alla quasi totale inadeguatezza dei luoghi e alla precarietà delle suppellettili (bauli non chiudibili ermeticamente, scaffali e mensole divenuti ricettacolo di insetti e di polvere). Inoltre, alcuni dei proprietari non avevano avuto cura di proteggere negli anni il patrimonio custodito: molti di essi, cedendo alle lusinghe dei turisti di passaggio, avevano venduto dei manoscritti.

Alla luce di lavori di censimento delle biblioteche private presenti nelle città mauritane, è stata trovata una mole enorme di documenti ; grazie ai fondi messi a disposizione da enti e fondazioni europee ne sono stati salvati decine di migliaia, si è puntato alla preservazione di un'eredità libraria importante come quella degli antichi manoscritti del deserto che sono stati attentamente restaurati e catalogati seguendo diverse metodologie, perfezionate di pari passo con lo sviluppo di nuove tecnologie.[2]

Nel corso degli ultimi decenni, la necessità della cooperazione estesa a tutti i livelli è cresciuta notevolmente. Da un lato, la scarsità delle risorse e la volontà di offrire una qualità sempre più grande di servizi hanno incoraggiato diverse realtà italiane a partenariati di cooperazione di piccola scala; dall'altro, lo sviluppo di nuove economie, specialmente in Africa, l'accesso di alcuni Paesi all'indipendenza politica, la creazione di nuovi partenariati e l'interdipendenza tra stati nell'attuale scenario della globalizzazione coinvolgono i rapporti tra diverse regioni nel mondo.[3]

Uno degli obiettivi cardine della cooperazione italiana riguarda la valorizzazione del Patrimonio culturale e tutela dell'ambiente. Attività di programmi di scambio e formazione specifica in determinati ambiti delle tecnologie applicate al restauro dei beni culturali, azioni di partenariato Nord-Sud del mondo, collaborazioni transfrontaliere, coinvolgimento delle comunità locali sono solo alcune delle iniziative messe in pratica dalla Direzione Generale per la Promozione e Cooperazione Culturale del Mae. Forte di questa tradizione, l'Italia può contare per lo sviluppo di progetti nell'ambito della cooperazione decentrata su una vasta gamma di enti ed istituzioni sensibili alla tutela e alla valorizzazione del patrimonio culturale, attraverso una serie di interventi interdisciplinari.[4]

CAPITOLO PRIMO

LA COOPERAZIONE INTERNAZIONALE

1. Radici storiche della cooperazione internazionale

La cooperazione internazionale affonda le sue radici nel passato, nel corso dei secoli ha assunto forme diverse come diversi sono stati gli attori protagonisti.

Bisogna compiere un salto indietro nel tempo di quasi 1000 anni per rintracciare nei manuali di Storia uno dei primi esempi di cooperazione internazionale. Intorno al 1100 i Cavalieri dell'Ordine di San Giovanni avevano fondato alcuni ospedali lungo le strade percorse dai pellegrini che, partiti dalle maggiori città europee desideravano raggiungere Gerusalemme, necessitavano di cure e assistenza.[5]

Breve è il passo da una tipologia di cooperazione umanitaria-religiosa a religiosa e colonizzatrice; ne è un esempio la corsa alla colonizzazione di nuove terre tra il XVI e il XX secolo da Carlo V alle due guerre mondiali. Infatti venivano regolarmente mandate delle spedizioni in America Centrale e Latina così come in Africa per 'civilizzare' le popolazioni locali.

Con la fine del secondo conflitto mondiale si passa ad un tipo di sviluppo di impronta economico-militare e successivamente di dipendenza neocoloniale. Durante gli anni Settanta nasce un nuovo filone motivazionale di giustizia ed uguaglianza (internazionalismo). La caduta del muro di Berlino avvenuta nel novembre 1989 ha provocato un effetto domino senza precedenti. Negli anni Novanta il mondo viene sconvolto da due nuovi importanti conflitti: il primo riguarda la disgregazione della Jugoslavia di Tito, il secondo la guerra in Medio Oriente; da qui l'urgenza di inviare missioni umanitarie. All'alba del XXI secolo avviene un nuovo sconvolgimento su scala internazionale con l'attacco alle Torri Gemelle avvenuto a New York il giorno 11 settembre 2001. È la volta delle missioni di sicurezza.

Si è passati da una politica di stampo coloniale ad una improntata sulla solidarietà e, nel giro di pochi anni, alla garanzia della sicurezza. Questo per due motivi:

- senso di colpa crescente nelle popolazioni del Vecchio Continente che nei secoli precedenti hanno colonizzato con metodi spesso poco ortodossi le popolazioni autoctone in terre lontane fino ad allora sconosciute, depredandole di beni e ricchezze. Conseguente desiderio di voler porre rimedio alle nefandezze compiute portando civilizzazione e sviluppo;

- necessità di creare condizioni di vita migliori per chi vive in terre lontane, allo scopo di limitare i flussi migratori non regolati verso l'Occidente sviluppato e di prevenire atti terroristici;
- operazioni di *peacekeeping*.

È necessario guardare da una duplice prospettiva quale sia il problema reale, quali possano essere le soluzioni, a quanto ammonti il costo, chi siano gli attori. Si parte da una targettizzazione, individuando gli attori coinvolti e si classificano così:

- target: soggetti direttamente coinvolti;
- beneficiari diretti: soggetti che vengono raggiunti direttamente dall'obiettivo specifico in virtù della relazione diretta instaurata con i soggetti direttamente coinvolti;
- beneficiari indiretti: soggetti che vengono raggiunti indirettamente dall'obiettivo specifico in

virtù della relazione con i beneficiari diretti;

- beneficiari non diretti: soggetti che non vengono coinvolti direttamente, eppure possono essere influenzati dagli effetti del progetto stesso.[6]

2. Gli attori della cooperazione internazionale allo sviluppo

La cooperazione internazionale vede la partecipazione di diverse entità o attori e partecipano in maniera differente alle politiche di cooperazione. Gli attori della cooperazione si dividono in due grandi gruppi:

- attori pubblici: governi e istituzioni finanziarie internazionali (le nazioni del Development Assistance Committee (DAC), nonché il Fondo Monetario Internazionale, Banche regionali di sviluppo, Fondi specifici, Agenzie delle Nazioni Unite, Unione Europea);
- attori privati: imprese e settore no-profit (imprese e aziende private, nonché Organizzazioni non governative).[7]

Si suddividono in due gruppi i donatori internazionali:

- donatori bilaterali: quando l'aiuto passa direttamente dal Paese donatore nelle mani del beneficiario (uno Stato, associazioni pubbliche, associazioni). Nel caso dell'Italia, per fare un esempio concreto, la responsabilità del programma di cooperazione allo sviluppo viene affidata alla DGCS (Direzione generale per la cooperazione allo sviluppo);
- donatori multilaterali: nel caso in cui l'aiuto viene affidato dal paese donatore a diverse organizzazioni internazionali, incaricate di redistribuire tale aiuto tra i Pvs. Tra i principali donatori multilaterali si collocano le IFI (Istituzioni finanziarie internazionali), come le Istituzioni di Bretton Woods[8] e le Agenzie delle Nazioni Unite, l'Unione Europea,[9] tutte istituzioni comprendenti una molteplicità di Stati.[10]

La World Bank nel documento *Working with NGOs* ha suddiviso in due grandi categorie le Organizzazioni non governative. Le ONG possono essere operative, quando le attività sono mirate alla progettazione e alla esecuzione di progetti di sviluppo; di opinione, obiettivo principale è l'instaurazione di un dialogo con le Istituzioni per la difesa di una causa.[11]

3. Evoluzione legislativa: dal trattato di Roma alle convenzioni di Lomé, all'accordo di Cotonou

Trattato di Roma

Nel 1957 nacque la Comunità Europea, evento sancito dalla firma del Trattato di Roma. Sin dall'inizio la Comunità Europea è stata attenta a quelle che sono le dinamiche non solo interne, ma anche esterne ai Paesi membri: sapendosi sempre adattare agli importanti cambiamenti politici nei trenta anni successivi in particolare alla fine dell'era coloniale e alla conquista dell'indipendenza da parte di numerosissimi Paesi, sono state intraprese azioni di aiuto a favore di popolazioni svantaggiate.

Convenzione di Yaoundé I e II e Accordo di Arusha

Con la prima Convenzione di Yaoundé firmata il 27 luglio1963 la Comunità Europea si fece carico di assistere in ambito commerciale 18 ex colonie britanniche in territorio africano, per i 5 anni successivi. Il 23 luglio 1969 la seconda Convenzione riconfermava la prima; Madagascar e Mauritius si aggiunsero alla lista degli Stati africani beneficiari. Nello stesso periodo con l'Accordo di Arusha del 1968-69 la CEE stipulava una convenzione di associazione di cooperazione commerciale con 3 Paesi della zona Commonwealth in Africa orientale: Kenya, Tanzania, Uganda. [12] L'originalità di questo Accordo sta nel fatto che era stipulato da una comunità di Stati e non tra Stato e Stato.[13]

Nel 1975 la Convenzione di Lomé andava a sostituire quelle precedenti.

Convenzione di Lomé

Con la Convenzione di Lomé (prese il nome dalla capitale del Togo, sede dell'incontro tra gli allora 9 Stati membri della Comunità Europea e i 46 del gruppo Africa-Caraibi-Pacifico aventi status di ex-colonie britanniche), firmata il 28 febbraio 1975 (sottoposta a revisione nel 1979 Lomé II, 1984 Lomé III, 1991 Lomé IV, 1995 Lomé IV bis fino a coinvolgere 15 Stati della CEE e 70 dell'ACP), si mirava a definire una serie di operazioni di cooperazione allo sviluppo dal punto di vista economico, tecnologico, commerciale. Questo tipo di cooperazione era molto avanzato per l'epoca, essendo basato sui princìpi del partenariato e della contrattualità; lo Stabex e il Sysmin, due meccanismi impiegati per la stabilizzazione dei prezzi di prodotti agricoli e minerari. Nella revisione del 1995 si includeva una clausola riguardante il rispetto dei diritti umani e dei processi democratici.[14]

Accordo di Cotonou

Negli anni '90 la Convenzione di Lomé necessitava di essere cambiata completamente, perché con il passare del tempo il modello di cooperazione proposto era diventato obsoleto. Allo scadere della IV Convenzione, il 23 giugno 2000 è stata firmata nella capitale economica del Benin l'Accordo di Cotonou. Di durata ventennale, tale Accordo tiene conto del rispetto dei diritti umani, della democrazia e del buon governo in ciascuno dei 71 Paesi ACP firmatari tenendo conto dei singoli contesti; basi necessarie per l'avvio di una cooperazione di stampo economico-finanziario e per l'avvio di progetti tesi alla lotta contro la povertà.[15]

4. L'idea di 'sviluppo' e la dicotomia Nord - Sud del mondo

Il processo di decolonizzazione ebbe inizio nel 1960, quando 17 Stati accomunati dalla medesima posizione geografica in prossimità dei tropici, ma anche da un elevato tasso di povertà, reclamarono la propria indipendenza; fu allora che venne coniato il termine geopolitico di *Terzo Mondo*.

Questi Paesi mantennero aperto un canale di comunicazione con gli ex Stati colonizzatori, in previsione di possibili richieste di aiuto economico, adottandone ufficialmente la lingua. [16] Vale la pena passare in rassegna le definizioni:

- Primo Mondo: Occidente capitalistico;
- Secondo Mondo: blocco comunista;
- Terzo Mondo: paesi" in via di sviluppo", alla ricerca di una identità separata dal Primo e dal Secondo Mondo;

Con la fine della guerra fredda e i conseguenti nuovi equilibri tra potenze mondiali, si è optato per l'impiego di due termini dicotomici, Nord e Sud (rispettivamente paesi sviluppati e paesi in via di sviluppo) per non dare alcun giudizio di valore ai Paesi presi in considerazione.[17]

13

5. Storia della cooperazione italiana

L'Italia possiede una lunga tradizione di cooperazione le cui radici affondano nel terreno fertile del volontariato. Risalgono al 1933 la nascita della UMMI (Unione medico-missionaria italiana) e al 1950 quella del CUAMM (Collegio Universitario Aspiranti Medici Missionari); entrambi sono organismi di volontariato internazionale in ambito sanitario, di ispirazione cristiana, data la forte influenza della Chiesa cattolica in Italia.

Con la «Legge Pedini» del 1966 si dispensavano dal servizio di leva i giovani italiani che avevano prestato due anni di servizio tecnico nei Pvs; ciò avvenne per rispondere a nuove esigenze della società.[18] Di fatto si trattò di un escamotage per coloro i quali si proclamavano obiettori di coscienza (l'obiezione di coscienza venne riconosciuta nel 1972).[19] [20]

Con la legge 1222/1971 (Cooperazione tecnica con i paesi in via di sviluppo) si riconosceva il diritto a svolgere il servizio civile volontario all'estero ed era esteso sia agli uomini che alle donne;[21] nell'articolo 30 si attribuisce al MAE (Ministero Affari Esteri) la responsabilità del

14

riconoscimento dei programmi proposti da enti ed associazioni.

A differenza delle ex potenze coloniali, che mantenevano costanti rapporti economico-commerciali con ex colonie oramai diventati Pvs, l'Italia alla fine degli anni Settanta diede nuovo slancio al suo ruolo nell'universo della cooperazione internazionale. Con la legge 38/1979 (Cooperazione italiana per a cooperazione allo sviluppo) fu creato il Dipartimento per la cooperazione allo sviluppo (DCS) e la figura del volontario assume un nuovo valore.

Negli anni Ottanta la cooperazione italiana intraprende un nuovo corso. Sull'onda emotiva del dibattito politico innescato dalla crisi nel Sahel, con la legge 73/1985 si conferirono poteri straordinari al neonato Fondo aiuti italiani (FAI), la cui esistenza fu limitata nel tempo per aiutare nel breve termine Paesi in una situazione di emergenza.

Allo scadere dei 18 mesi, nacque la legge 49/1987 con cui il Parlamento italiano approvò la Nuova disciplina della cooperazione dell'Italia con i Paesi in via di sviluppo. Le attività di cooperazione allo sviluppo divengono parte integrante della politica estera italiana. MAE, DGCS e ministero del Tesoro gestiscono i fondi destinati alla cooperazione; gestione che avviene sia su piano bilaterale (gestita dal MAE) sia multilaterale (gestita dal ministero del Tesoro). Gli obiettivi sono essenzialmente di natura economica, politica, umanitaria. Le ONG italiane riconosciute come idonee da un'apposita commissione hanno la possibilità di richiedere contributi economici nell'ambito di progetti di cooperazione allo sviluppo, per un importo non superiore al 70% dell'iniziativa stessa; i progetti sono perlopiù improntati allo sviluppo di programmi nei Pvs, attività di informazione ed educazione alla cooperazione e allo sviluppo, selezione del personale volontario in servizio civile.[22] [23] Sempre nella normativa, ampio spazio è dedicato alla professionalizzazione di volontari e collaboratori,[24] definendone diritti e doveri.[25]

Negli anni Novanta il crescente divario economico tra Paesi industrializzati e quelli meno avanzati spinge il mondo intero a rivedere l'approccio di aiuto allo sviluppo. La comunità internazionale avvia una seria riflessione sulle conseguenze della globalizzazione, fenomeno che incrementa gli scambi commerciali tra Paesi, ed è cresciuto notevolmente immediatamente dopo la caduta del muro di Berlino nel 1989, ultimo grande ostacolo all'espansione del commercio globale. Nel documento Ruolo della cooperazione allo sviluppo all'alba del XXI secolo

il DAC definisce un nuovo tipo di cooperazione basato sul principio del partenariato tra donatori e beneficiari, ognuno dei quali ha delle responsabilità precise. I Paesi donatori hanno l'obbligo di concordare insieme con i partner i programmi da attuare, facendo un uso intelligente dei fondi APS; i paesi beneficiari o PVS garantiscono il massimo impegno per l'efficacia delle attività a lungo termine riguardanti la lotta all'analfabetismo e alla malnutrizione, diminuzione delle diseguaglianze tra uomo e donna, equilibrio nella gestione delle risorse ambientali.[26]

Nel 2000 è stato adottato dal Comitato Direzionale per la Cooperazione allo Sviluppo il documento Linee di indirizzo e modalità di attuazione della collaborazione della DGCS con le Regioni e gli Enti locali,[27] contenente le linee-guida della cooperazione decentrata italiana. L'anno successivo, ispirati dal contenuto del suddetto documento, è nato un accordo tra DGCS e ANCI (Associazione Nazionale dei Comuni Italiani) con lo scopo di mettere in risalto le iniziative di cooperazione decentrata promosse dai Comuni sparsi sul territorio italiano.[28]

Per rispondere alle nuove esigenze derivanti dai nuovi modelli di cooperazione internazionale, alla luce degli eventi storici occorsi, nel 2014 è entrata in vigore la Legge n. 125/2014. [29] A distanza di quasi trenta anni dalla legge 49/1987 considerata obsoleta sotto molti aspetti, la nuova legge adegua quella precedente tenendo conto dei modelli di cooperazione sviluppati da altri Paesi facenti parte dell'Unione Europea, ispirandosi ai principi della Carta delle UN e alla Carta dei diritti fondamentali dell'Unione Europea, [30] in previsione anche dell'istituzione dell'AICS (Agenzia Italiana per la Cooperazione allo sviluppo).[31]

L'Agenzia, che conta 17 sedi all'estero oltre a quella centrale a Roma e una seconda a Firenze, lavora a pieno regime da gennaio 2016; «Il compito dell'Agenzia è quello di svolgere le attività di carattere tecnicooperativo connesse alle fasi di istruttoria, formulazione, finanziamento, gestione e controllo delle iniziative di cooperazione internazionale.»[32]

6. Evoluzione della cooperazione: il passaggio da internazionale a decentrata

Lo schema tradizionale di cooperazione allo sviluppo si è evoluto nel corso degli ultimi sessanta anni, passando dal ruolo di protagonista degli attori statali (es. governo centrale) al coinvolgimento di attori non statali. Per attori non statali sono da intendersi: le università, i media, le associazioni, gli istituti di ricerca, le cooperative, le organizzazioni non governative (ONG) considerate parte della società civile che possono contribuire con la loro partecipazione allo sviluppo locale; gli attori non-statali non sono "cooperanti di professione". Questi due gruppi di entità insieme formano il gruppo degli attori di sviluppo.

La scelta del cambiamento di strategia è stata dettata dal fatto che il bilancio finale di numerosi progetti alla fine degli anni Ottanta è stato sostanzialmente negativo. Pertanto è stata evidente la necessità di avviare un lavoro di ricerca per nuovi modelli di sviluppo aventi come prerogativa il coinvolgimento di nuovi protagonisti e i gemellaggi tra Paesi del Nord con quelli del Sud in via di sviluppo (es. il rapporto di cooperazione tra Paesi del Nord ed ex colonie africane).[33]

Il Ministero degli Affari Esteri definisce la Cooperazione decentrata come «l'azione di cooperazione allo sviluppo svolta dalle Autonomie locali italiane, singolarmente o in consorzio fra loro, anche con il concorso delle espressioni della società civile organizzata del territorio di relativa competenza amministrativa, attuata in rapporto di partenariato prioritariamente con omologhe istituzioni dei Pvs favorendo la partecipazione attiva delle diverse componenti rappresentative della società civile dei paesi partner nel processo decisionale finalizzato allo sviluppo sostenibile del loro territorio.» [34] Anche l'Italia nei primi anni Novanta è coinvolta nel processo di diffusione della cooperazione decentrata. Molti imprenditori italiani avendo aperto piccole sedi delle proprie aziende all'estero, si dimostrano profondamente interessati a intessere rapporti profondi con i Paesi coinvolti partecipando a progetti di cooperazione decentrata, specialmente in ambito sociale ed economico. Basti pensare alle ondate migratorie di italiani avvenute nel secolo scorso nelle Americhe: le Regioni hanno interesse a mantenere i rapporti con le comunità locali argentine che spesso conservano e tramandano di generazione in generazione il patrimonio culturale ereditato dagli avi.[35] In questo caso si può parlare di *co-sviluppo*, ovvero di «attività di sviluppo transnazionale intraprese dai migranti e dalle loro associazioni verso i luoghi dai quali provengono». [36] Lo stesso principio è stato applicato per l'accoglienza di migranti in Italia o comunque negli Stati dell'Europa.

Negli anni '80 folti gruppi di migranti provenienti dalle ex colonie si trasferirono nel Vecchio Continente; costoro avevano mantenuto saldi i contatti con i Paesi di origine con l'istituzione di associazioni e ONG. [37] Svariati comuni dell'Italia settentrionale considerano il co-sviluppo come un fatto positivo e portano avanti iniziative a sostegno delle associazioni di migranti, istituendo bandi per progetti di cooperazione decentrata, impegnandosi a co-finanziare i progetti che vedono coinvolti attori non-statali in partenariato con autorità locali del Sud, a vantaggio delle comunità di origine.[38]

CAPITOLO SECONDO

LA MAURITANIA E IL PROGETTO "SALVAGUARDIA DELLE BIBLIOTECHE DEL DESERTO"

1. La Mauritania

La Mauritania (chiamata ufficialmente con il nome di Repubblica Islamica di Mauritania) è situata a Nord-Ovest dell'Africa, nella regione del Sahel; confina a nord con il Marocco e l'Algeria, a sud con il Senegal, ad ovest con l'Oceano Atlantico e a sud con il Mali. Nel 1979 la Mauritania ha raggiunto un accordo con il Polisario (movimento di liberazione del Sahara Occidentale), rinunciando a qualsiasi pretesa sulla fetta di territorio del Sahara spagnolo ottenuta attraverso un accordo di spartizione con il Marocco.

La repubblica è divisa in due grandi regioni: a Sud si trova la zona del Sahel, estesa dal fiume Senegal fino alla parte interna del Paese, è caratterizzata da dune fisse (o *dune morte*) miste a pianure; la parte settentrionale è nota come zona Sahariana, arida distesa di *dune vive* miste a pianure di ghiaia, mentre più a nord si estende un altopiano montuoso. L'area desertica occupa nel complesso i cinque sesti del territorio mauritano. Il clima è estremamente arido, fatta eccezione per le zone adiacenti il fiume Senegal e le città portuali come Nouakchott che beneficiano dell'azione della brezza marina.[39]

Si tratta di un paese particolarmente vasto (1030000 Km²), desertico e scarsamente popolato (3,5 milioni di abitanti, tasso di sedentarizzazione cresciuto dal 1977 ad oggi del 45%).[40]

Conquistata l'indipendenza dalla Francia il 28 novembre 1960, la Mauritania oggi è una repubblica multipartitica con un carattere prettamente arabo (la religione ufficiale è l'Islam). Lingue ufficiali sono l'arabo e il francese; lingue nazionali sono l'arabo, pulaar, sonninké, wolof.

Il Paese è governato dall'etnia Mauri che domina, emarginandole, le altre popolazioni (Wolof, Toucouleur, Soninkes, Peul).

La pratica dell'agricoltura è decisamente limitata a causa di una cronica scarsità di acqua. Sfruttando la raccolta delle acque piovane e quelle dei pozzi, le colture privilegiate nelle aree interne riguardano i datteri, essenziale fonte di sostentamento locale; lungo la valle del Senegal si coltivano cereali, patata dolce, gomma arabica.

Vengono altresì praticati l'allevamento e la pesca. Buona parte del commercio si basa sulle estrazioni minerarie e sulla vendita di minerali di ferro, rame, gesso, fosfati.

2. Le quattro città antiche del deserto: Chinguetti, Ouadane, Tichitt, Oualata

Nel 1991 l'UNESCO ha lanciato una campagna per la salvaguardia e il recupero di quattro antiche città del deserto: Chinguetti, Ouadane, Tichitt, Oualata.

Fondate tra XI e XIII secolo per sovvenire ai bisogni di chi doveva percorrere migliaia di chilometri lungo le rotte commerciali nel deserto del Sahara, queste città rappresentano un modo tradizionale di vita tipico dei popoli nomadi dell'Africa occidentale ricca di storia, cultura, religione.

Lambite progressivamente dalle dune mobili, soggette alle condizioni atmosferiche sfavorevoli, trascurate da un crescente spopolamento, le quattro città fondate lungo quelle che in epoca medievale erano le strade percorse per raggiungere la Mecca, oggigiorno sono difficilmente raggiungibili se non con l'ausilio di auto 4X4 opportunamente equipaggiate e condotte da guide esperte: infatti non esiste alcuna strada asfaltata che le colleghi alla capitale Nouakchott. Alcuni anni più tardi, nel 1996 gli antichi *ksour* di queste quattro città furono iscritte nell'elenco del Patrimonio Mondiale dell'UNESCO sulla base di tre criteri culturali.

Per *ksour*, plurale di *ksar* si intendono le cittadine fortificate dotate di caratteristiche essenziali. L'architettura di una *ksar* è in armonia con il territorio circostante, le stradine interne sono strette e serrate le une con le altre, racchiuse tra le mura delle case organizzate attorno ad un cortile centrale. Qui fiorirono i commerci ed ebbe ampio sviluppo la cultura islamica riflettendo la vivace attività intellettuale caratterizzante le popolazioni che animavano il Sahara.[41]

Chinguetti

Chinguetti viene considerata la vera capitale della regione dell'Adrar, nell'ovest della Mauritania. Nota anche come *Bilad Shinqit, la terra di Chinguetti*, questo nome servì per indicare le regioni dell'attuale Mauritania e del Sahara occidentale.

Settima città santa dell'Islam e crocevia delle carovane che attraversavano il deserto, punto di partenza per i pellegrini Mauri prima di mettersi in cammino a destinazione della Mecca, Chinguetti, che in arabo vuol dire "piccoli pozzi" probabilmente per la presenza di acqua, nacque nel 1264. In poco tempo la città si riempì di case in pietre a secco rosate e mattoni di fango, sormontate da coperture a graticcio fatte di legno di palma; le porte d'ingresso erano costituite da legno di acacia, pianta che nel corso del tempo è andata sparendo, lasciando il posto alla più comune e resistente palma da dattero. [42] Centrale, poi, era all'interno di alcune abitazioni la presenza di un cortile.

In quaranta anni sorsero numerose scuole rinomate al punto da attrarre saggi e studenti da tutto il mondo arabo-islamico, importanti moschee in grado di accogliere un numero enorme di credenti, e un mercato dove venivano scambiate merci come il sale data la vicinanza con la salina dell'Idjil permettendo il pagamento sotto forma di barre di sale, ma anche schiavi.[43] Da qui partivano e arrivavano carovane provenienti dai territori confinanti a nord come il Marocco e l'Algeria, ad est il Mali, a sud il Senegal.[44] La città conobbe il suo apogeo tra il sedicesimo e il diciannovesimo secolo, quando la creazione di nuove rotte commerciali e del colonialismo portarono le rotte trans-sahariane ad un inesorabile declino.

Chinguetti ha la particolarità di essere nota soprattutto per la presenza di una cospicua quantità di biblioteche private che padri affidano ai figli come beni inalienabili. I testi trattano le materie più disparate, *in primis* religione, storia, legge.[45]

Ouadane

Anch'essa come Chinguetti è situata a nord-est nella regione dell'Adrar. Fondata nel 1147 su iniziativa dei berberi, tra due *wadi*,[46] nota per avere ospitato la università del deserto e per il più antico manoscritto mauritano, Ouadane è stata crocevia di traffici commerciali come di scambi culturali soprattutto con la vicina città di Timbuctu, i paesi dell'Africa settentrionale e l'Egitto. Si ha ragione di pensare che nell'epoca in cui l'economia del luogo era particolarmente dinamica, vivessero oltre 1500 famiglie; le moschee dovevano essere collegate le une alle altre dalla strada "dei 40 Sapienti", a testimonianza di quanto fossero importanti le scuole presenti.[47]

Le prime informazioni riguardanti Ouadane furono date dai Portoghesi che visitarono quelle zone nel XV secolo. I navigatori ingaggiati dal Portogallo per esplorare la costa atlantica dell'Africa occidentale scrivevano relazioni sulle esplorazioni lungo la costa e nell'entroterra,[48] presentando Ouadane come una città popolosa, in cui erano fiorenti il commercio di oro e di schiavi.

La crisi sopraggiunta nel XIX secolo ha condannato Ouadane ad un lento declino.[49]

Tichitt

Altra città dichiarata patrimonio dell'umanità dall'UNESCO, Tichitt, fu fondata nell'XII secolo in una zona lacustre ricca di enormi pozzi, palmizi, biblioteche importanti almeno quanto quelle di Chinguitti. La sua posizione era strategica, trovandosi a metà strada tra Ouadane e Oualata. Il suo nome deriverebbe da *Chitou*, che vuol dire «è qui». La leggenda vuole che un uomo cieco, di nome Alamin Bel Hadj fosse alla ricerca di un posto dove stabilirsi e che ogni giorno raccogliesse con le mani un pugno di sabbia portandolo al naso per annusarlo; fino a quando giunse in prossimità di Tichitt, dove esclamò «É qui».[50]

A Tichitt l'elemento predominante è la pietra. L'architettura era caratterizzata da costruzioni in pietra che variavano dal colore beige al rossastro con lastre verdi, impiegate per dare maggiore stabilità alle strutture, compattate da impasti di argilla. Le porte in legno, spesso, erano sormontate da ornamenti di forma triangolare, sempre in pietra.[51] Una delle principali fonti di reddito subito dopo la raccolta e la vendita dei datteri era l'estrazione del sale, conosciuto con il nome di *amersal* in arabo hassaniya:[52] le piogge annuali nel sahel confluivano in alcuni bacini nei pressi di Tichitt, dove l'acqua evaporata lasciava sulla superficie uno strato di sale.[53]

Oualata

Fondata nel 1240 da Soninké del Ghana, [54] Oualata fu una di quelle città di riferimento per gli scambi commerciali, in modo particolare con il Nord Africa e il Sudan. Le merci scambiate erano relativamente le stesse: oro, spezie, salgemma, datteri, ma anche schiavi.

Oualata ebbe grande importanza sul fronte culturale con i sapienti provenienti da tutto il mondo arabo-islamico, animando biblioteche e scuole coraniche che contavano migliaia di studenti.[55]

3. *Storia conservativa e interventi antecedenti l'anno 2000*

A metà degli anni '60 l'UNESCO ha finanziato il censimento di 2000 opere scritte da 425 autori dell'Africa occidentale, lavoro condotto da Mokthar ould Hamidoun e Adam Heymowsky della Royal Library di Stoccolma, *Catalogue provisoire des manuscripts mauritaniens en langue arabe préservés en Mauritanie* (1965-66).[56]

Negli anni '70 l'Institut Mauritanien de Recherche Scientifique aveva comprato oltre 3000 manoscritti, catalogati e conservati nella Biblioteca dell'IMRS, nella capitale mauritana. Con il passare degli anni l'acquisizione di volumi è diventata sempre più difficile. Fino a quaranta anni fa era abbastanza semplice riuscire ad acquistare tra l'altro ad un prezzo accessibile i manoscritti dalle singole famiglie.

A partire dagli anni Ottanta si sono moltiplicati gli interventi di soggetti stranieri, in particolar modo europei e americani, data la carenza di personale qualificato e di strutture adeguatamente attrezzate in loco. Lo strumento più utilizzato per archiviare immagini è il microfilm. Grazie ad un progetto pluriennale finanziato dalla DFG (Deutschen Forschungsgemeinschaft) l'Università di Tubinga in collaborazione con l'IMRS ha catalogato dal 1979 al 1985 oltre 2000 opere.[57] Nel 1986 Ottanta Charles C. Stewart, Professore del Dipartimento di Storia dell'Università dell'Illinois, aveva avviato uno studio per capire quali fossero le opere manoscritte e quelle stampate, separandole in due gruppi distinti; nei due anni successivi i manoscritti furono microfilmati e inventariati grazie alle sovvenzioni del National Endowment for the Humanities. Tra il 1988 e il 1989 sono stati microfilmati documenti appartenenti alla biblioteca Shaykh Sidiyya e all'IMRS di Nouakchott.

Baba ould Haroun, proprietario di una collezione di manoscritti arabi custoditi nella biblioteca di sua proprietà e sita nella città di Boutilimit fondata attorno ad un pozzo d'acqua tra il 1826-27,[58] aveva lanciato un appello cui aveva risposto positivamente il Dipartimento di Storia dell'Università dell'Illinois.

Nel 1987 è stata creata una banca dati bilingue arabo-inglese AMMS (Arabic Manuscript Management System). [59] Questo strumento bibliografico accessibile gratuitamente tramite Internet è stato impiegato per raccogliere oltre 100000 fogli di materiale che spaziano dalla

31

storia locale alle scienze religiose.[60] Nel 1989 è stato compiuto lo stesso lavoro con la collezione nazionale di manoscritti dell'IMRS e redigendo sempre in due lingue il *Catalogue of Arabic Manuscripts at the Institut Mauritanien de Recherche Scientifique*. [61] Nei primi anni Novanta il database AMMS è stato potenziato e arricchito progressivamente con altre collezioni ospitate nei Paesi dell'area sahelo-sahariana e nello stato dell'Illinois, negli Stati Uniti d'America.[62] Nel 1989 Jean-Marie Arnoult, alla luce di un sopralluogo presso le biblioteche delle città di Chinguetti, Ouadane, Akjoujt, aveva redatto un documento in cui si faceva il punto della situazione in modo dettagliato: collocazione geografica, nome della biblioteca, se il proprietario si era opposto all'accesso, numero di volumi e come erano conservati, caratteristiche comuni a tutte le biblioteche; ipotesi di lavoro; previsioni di spesa.[63]

Tra il 1995 e il 2000 si tennero quattro convegni,[64] segno di un crescente interesse per la salvaguardia delle antiche città del deserto. Attilio Gaudio, antropologo, giornalista, nonché direttore del CIRSS (Centro internazionale di ricerche sahariane e saheliane).

Nel 1998 l'Unione Europea assegnò all'organizzazione non governativa italiana Africa '70 «che da 40 anni opera per migliorare le condizioni di vita delle popolazioni del Sud del Mondo» [65] l'incarico di effettuare uno studio finanziato dalla Federal Reserve degli Stati Uniti d'America, sulla situazione in cui versava la popolazione di Chinguetti e nella possibilità di tutelare il patrimonio bibliografico custodito nelle biblioteche situate nella parte antica della città. Marco Sassetti, esperto di restauri, [66] avendo preso parte alle missioni di studio (24–31 maggio, 11–25 giugno 1998) visitando diverse biblioteche private, ha presentato un accurato rapporto tecnico dettagliato sulle condizioni ambientali e suggerimenti su come preservare i manoscritti antichi.[67] Lo studio portato a termine da Africa '70[68] ha costituito la base per il progetto triennale (2003-2006) di cooperazione allo sviluppo finanziato dalla Federal Reserve degli USA e affidato alla società italiana Agriconsulting.[69]

4. Interventi attuati dopo l'anno 2000

Pochi anni più tardi, nel 2001 il Comitato Biblioteche del Deserto ha messo in moto la macchina della cooperazione: la Scuola Superiore Santa Chiara di Siena, che ha individuato il suo partner nella Fondation Ahel Habbot di Chinguetti.[70] Avendo potuto contare su finanziamenti ricevuti dalla Fondazione Monte dei Paschi di Siena e dall'Università degli Studi di Siena, il Comitato costituito da un gruppo di università italiane insieme con l'organizzazione Terre Solidali ha realizzato una biblioteca a misura di bambino, pubblicato il catalogo bilingue arabofrancese della biblioteca partner, la cui redazione è stata curata dalla prof.ssa Carmela Baffioni, arabista della Università di Napoli "L'Orientale".[71] [72] I risultati del progetto sono stati presentati al pubblico nel corso del convegno 'Manoscritti del deserto' a Siena presso il Collegio Santa Chiara.

Nei primissimi anni 2000 l'UNESCO, la FNAC, l'Associazione Bibliothèques du Désert fondata dalla giornalista francese Elise Lucet nel 1993 e la società Rhône-Poulenc portano avanti un programma d'intervento riguardante le città di Ouadane e Chinguetti, prefiggendosi come obiettivo la creazione di una biblioteca dove catalogare, restaurare, mostrare i manoscritti mauritani. Tuttavia alcune difficoltà hanno contribuito al mancato raggiungimento degli obiettivi. Il budget messo a disposizione si è rivelato insufficiente;[73] alle difficoltà di tipo finanziario e di coordinamento con il progetto Sauvegarde et Valorisation du Patrimoine culturel mauritanien si sono aggiunti problemi di comunicazione tra l'UNESCO, la Fondation nationale pour la Sauvegarde des Villes anciennes (F.N.S.V.A.) e i proprietari mauritani, i quali considerano i manoscritti come beni inalienabili quindi non cedibili, trasmessi esclusivamente da padre in figlio.[74]

Sempre nello stesso periodo il governo degli Stati Uniti d'America aveva supportato un progetto simile tramite l'Ambassadors Fund for Cultural Preservation (AFCP) che si occupa di interventi specifici a tutela del patrimonio culturale locale in diverse regioni di 119 Paesi in via di sviluppo, selezionate seguendo criteri ben precisi. [75] Nell'ambito del progetto 'Preservation of Ancient Manuscripts in Tichitt' vennero erogati fondi per un totale di 16000 dollari statunitensi per la costruzione di un luogo dotato di attrezzature specifiche, dove custodire circa 7000 manoscritti islamici, testimonianza indiretta dei commerci sahariani all'epoca dell'impero del Ghana.

Nell'ambito dei programmi di grande portata va menzionato il Cultural Heritage Project: [76] finanziato dalla World Bank, il progetto-pilota che includeva una sezione speciale dal nome Projet Sauvegarde et Valorisation du Patrimoine Culturel Mauritanien dedicata alla cura del patrimonio culturale in generale, puntava al potenziamento delle attività economiche tipiche del luogo, definendo le strategie di sviluppo mirate anche all'incremento dell'indotto turistico, andando incontro ad un modello di sviluppo sostenibile.

A conclusione del progetto, i risultati della cooperazione internazionale furono presentati durante il ciclo di conferenze Journées des villes mauritaniennes du patrimoine mondial tenutosi dall'11 al 14 aprile 2005 presso la sede dell'UNESCO, a Parigi; venne inaugurata la mostra itinerante Villes de mémoire – anciens ksour de Mauritanie, che dalla Francia sarebbe stata trasferita in Mauritania[77] e presentato un libro-documentario.[78]

5. L' Intervento dell'Italia: realizzazione del progetto "Salvaguardia delle biblioteche del deserto" in Mauritania

Tra la primavera e l'estate 2005 la Giunta della Regione Autonoma Friuli Venezia Giulia, contando sull'aiuto del Centro di Catalogazione e Restauro dei Beni Culturali di Villa Manin di Passariano, dichiara "la piena disponibilità a eseguire il progetto in Mauritania elaborando una proposta di progetto con la formula della cooperazione decentrata".[79] Proposta che viene formalmente accettata dal Ministero degli Affari Esteri.

Il 2006 e il 2007 sono stati consacrati ai sopralluoghi. Una delegazione tecnica italiana è partita alla volta della Mauritania per studiare le problematiche, parlare con i potenziali partner locali, poi individuati nell'Institut Mauritanien de Recherche Scientifique e nella Fondation Nationale pour la Sauvegarde des Villes Anciennes, enti con cui è stato definito un accordo comune.

Gli esperti tecnici della Regione Autonoma Friuli Venezia Giulia, dalla capitale Nouakchott partono alla volta di Chinguetti, Ouadane e Tichitt al fine di prendere coscienza della situazione in cui versano le biblioteche centrali e quelle centrali, per poi illustrare le finalità del progetto con i relativi vantaggi alle personalità istituzionali del luogo.

I tecnici italiani nel corso dei sopralluoghi hanno individuato diverse criticità. Nella maggior parte dei casi i manoscritti sono riposti in stanze non molto grandi, non isolate termicamente. Queste strutture non mantengono isolati i volumi dagli sbalzi termici che giornalmente si ripetono, essendo elevate le temperature diurne e basse quelle notturne, né mantengono costante il grado di umidità interno; dai tetti percola l'acqua in occasione degli acquazzoni, evento tanto raro quanto intenso. Ciò favorisce l'alterazione delle pagine dando origine ad un fenomeno di dilatazione e contrazione, provocando stress meccanico. Spesso sono stati riscontrati fenomeni di biodeterioramento, di imbrunimento e di «foxing».

Nelle stanze i volumi a volte si trovano riposti all'interno di bauli, altri, invece, sono accatastati gli uni sugli altri nelle nicchie ricavate nelle pareti oppure su scaffali, esposti alla polvere, alla sabbia, agli insetti, ai piccoli animali roditori. In alcuni casi sono stati ritrovati manoscritti tenuti alla rinfusa, insieme ad oggetti domestici. L'immagazzinamento irrazionale e la manipolazione continua hanno contribuito ad aggravare il deterioramento dei manoscritti, a volte composti da fogli sciolti quindi staccati dalla cucitura con conseguente perdita di carte.

Il progetto è stato definito tenendo conto di diversi fattori: le criticità riscontrate, una valutazione dell'impatto che la messa in valore dei beni mobili e immobili delle città patrimonio dell'UNESCO possono avere sull'occupazione grazie all'incentivazione del turismo culturale. Pertanto, la programmazione è stata formulata su due linee d'azione:

- formazione di personale locale, già in possesso di competenze specifiche pregresse, in grado di prendersi cura del patrimonio manoscritto custodito nelle città della Mauritania con interventi mirati;
- creazione e messa in funzione di strutture tecniche sul territorio nazionale, adibite allo svolgimento di interventi tecnici mirati, garantendo una serie di servizi.

Beneficiari diretti: biblioteche diffuse sul territorio mauritano; personale mauritano cui sono state fornite nozioni sul patrimonio culturale e storico della Mauritania, e nozioni scientifiche riguardanti la chimica, la fisica, biologia e informatica.

Beneficiari indiretti: popolazioni della Mauritania.

Risultato finale: salvaguardia patrimonio librario della Mauritania.

Formazione strutturata in tre step:

- prima fase: in Mauritania, Università di Nouakchott. I 12 futuri esperti hanno ricevuto una formazione di base frequentando corsi tenuti da esperti locali e da docenti dell'Università locale per un totale di 380 ore;

- seconda fase: in Italia, presso la Scuola Regionale di Conservazione e Restauro della Regione Autonoma Friuli Venezia Giulia, con sede a Villa Manin di Passariano, in provincia di Udine. Questa scuola ha una tradizione trentennale nel settore della formazione professionalizzante: dal 1976, anno del terremoto disastroso del Friuli, sono stati organizzati diversi corsi quadriennali per restauratori. Il corso svolto tra il 2006 e il 2011 della durata di cinque anni, era incentrato sul restauro dei beni librari, documentari e opere d'arte su carta, a differenza dei corsi tenuti nei cicli precedenti e dedicati al restauro di altri tipi di beni culturali. [80] Qui i futuri specialisti hanno seguito lezioni sia teoriche che pratiche tra il 10 luglio e il 25 settembre 2008 per un totale di 480 ore, usufruendo di strutture e competenze dei docenti del corso quinquennale, ma anche seminari e visite guidate. Nel frattempo in Mauritania si procedeva alla costruzione e messa in servizio di 5 laboratori, di cui quello centrale con sede presso l'Institut Mauritanien de Recherche Scientifique a Nouakchott, gli altri quattro presso le città di Chinguetti, Oualata, Tichitt, Ouadane, data l'alta percentuale di manoscritti presenti nelle suddette località;

- terza fase: in Mauritania. L'ultimo step si è tenuto nel 2009 nel laboratorio centrale a Nouakchott, con 360 ore di formazione continua. Nei mesi successivi gli studenti hanno continuato ad esercitarsi autonomamente in una serie di attività nelle biblioteche private delle città selezionate.

A conclusione del progetto ciascuno degli studenti ha redatto un lavoro scritto oggetto di valutazione finale.

I laboratori avrebbero dovuto garantire i servizi di: documentazione, disinfestazione, monitoraggio ambientale, realizzazione di scatole di conservazione, depolveratura.

- Documentazione: raccolta dati e digitalizzazione materiale. I laboratori sono stati dotati di apparecchiature moderne come macchine fotografiche, computer e scanner per l'acquisizione di documenti;
- disinfestazione: il laboratorio di Nouakchott è stato dotato di una macchina per la disinfestazione anossica, assolutamente non nociva per l'uomo. Una volta sistemato all'interno di una

sacca trasparente, sottratto l'ossigeno, immerso in atmosfera di azoto, il manoscritto resta in quella condizione per tre settimane, tempo necessario per neutralizzare gli insetti in tutti gli stadi di vita. Una volta conclusa l'operazione, il volume può essere restituito al legittimo proprietario impiegando uno specifico contenitore contro la polvere per il trasporto;

- monitoraggio ambientale: i cinque laboratori sono stati dotati di strumentazione necessaria alla misurazione del grado di umidità e temperatura degli ambienti;

- realizzazione di scatole di conservazione: scatole particolari in grado di preservare i libri antichi dagli attacchi degli insetti e dagli agenti esterni. Costruiti sul posto, i contenitori riprendono le dimensioni dei volumi conservati, evitando altresì uno spreco di materiale;

- depolveratura: l'intrusione di polvere e sabbia tra i fogli dei documenti ha reso necessario l'impiego di apparecchiature specifiche per la depolveratura. Questa operazione manuale avviene con l'impiego manuale di pennelli e di aspirapolvere portatili. Altre volte si rende necessario l'uso di cappe di aspirazione fisse in laboratorio dotate di filtro HEPA, aventi un'altissima capacità di aspirazione di particelle di dimensioni microscopiche.

6. Premi e riconoscimenti

Dal 1997 viene consegnato il "Premio Rotondi" a chi si è impegnato con successo nella salvaguardia e nella conservazione dei beni culturali.

Nel 2010, anno della 14ª edizione, il Premio nella sezione "Mondo" è stato attribuito alla Scuola di conservazione e restauro dei beni culturali della Regione autonoma Friuli Venezia Giulia «per aver portato a termine il progetto di cooperazione internazionale 'Salvaguardia delle biblioteche del deserto' in Mauritania. Il progetto, avviato nel 2007, ha consentito la formazione di 12 specialisti mauritani che lavorano in cinque laboratori appositamente attrezzati nella capitale Nouakchott e nelle quattro città storiche di Ouadane, Chinguetti, Tichitt e Oualata, inserite nella lista del patrimonio mondiale dell'umanità dell'Unesco in quanto esempi eccezionali di insediamenti costruiti in funzione delle vie commerciali del Sahara, di cui testimoniano i contatti culturali, sociali ed economici avvenuti nell'arco dei secoli».[81]

La Scuola ha ricevuto il primo premio Italian Heritage Award 2013, per la sezione Restauro manufatti cartacei e membranacei.

CAPITOLO TERZO

I MANOSCRITTI ARABO-ISLAMICI

1. I manoscritti arabo-islamici

Diversi popoli distanti svariate migliaia di chilometri possono non capirsi se parlano una tipologia di arabo dialettale o locale, mentre l'impiego dell'arabo classico ha il vantaggio di azzerare le distanze. Per arabo colloquiale si intende l'insieme dei dialetti parlati da gruppi di persone accomunate dallo status sociale o che vivono in un determinato luogo.[82]

L'arabo classico è la lingua letteraria universalmente comprensibile principalmente dai popoli islamici, ma in epoca contemporanea anche da studiosi e cultori della lingua in generale; inoltre è il linguaggio con cui fu scritto il Corano.

L'arabo è una lingua semitica. L'alfabeto arabo è composto di 28 lettere. Sei sono i segni vocalici e si suddividono in vocali lunghe e brevi. Le vocali lunghe sono 3: *alif* (ا) *uau* (و) *ya* (ي); le vocali brevi sono anch'esse 3, ma a differenza delle prime non si trovano all'interno delle parole, essendo segni ausiliari rappresentati graficamente da apostrofi apposti sopra o sotto la parola: *fàtha* (◌́) *dàmma* (◌́) *kàsra* (◌). Nei manoscritti coranici i suoni vocalici venivano tracciati con l'ausilio di inchiostri di colore rosso, giallo, verde, blu.[83]

Non esistono le lettere maiuscole e si scrivono in maniera differente a seconda della posizione in cui si trovano: all'inizio, in posizione mediana, alla fine di una parola. Ampio, poi, è l'impiego di segni ortografici particolari posti nella parte alta o bassa delle lettere.[84] In arabo classico non era previsto l'impiego dei segni di punteggiatura.

La scrittura avviene partendo da destra andando verso sinistra perché per i musulmani ogni azione deve essere iniziata utilizzando la mano destra: la destra rappresenta la parte del bene e della ragione, mentre la parte sinistra rappresenta il male. Lo stesso principio veniva applicato per la produzione dei manoscritti arabo-islamici: bisognava cominciare la lettura da quella che in Occidente consideriamo essere l'ultima pagina e continuare, sfogliando il libro proseguendo verso sinistra. Anche la legatura del libro veniva fatta a destra e non a sinistra. Il colophon, posto al termine del testo, riportava i dati essenziali di chi aveva lavorato alla scrittura del testo, come il nome del copista, luogo e data. I primi manoscritti arabo-islamici sono stati scritti su fogli di pergamena, conservati in raccoglitori di materiale diversamente resistente.[85]

Ciascuno dei manoscritti in materiale cartaceo era composto da più fogli, ciascuno dei quali era piegato in due e inseriti l'uno nell'altro sino ad ottenere un fascicolo. Ogni fascicolo era composto di uno o più fogli: «bifolio» pari a quattro facciate, «duerno» due fogli piegati in due producono otto facciate, «ternione» tre fogli piegati danno sedici facciate, «quaternione» trentadue facciate, sino ad aumentare progressivamente i fogli impiegati.[86]

Inizialmente le dimensioni dei libri manoscritti potevano variare sensibilmente ed essere estremamente ridotte oppure grandi. Ciò era dovuto alle dimensioni del supporto scrittorio in sé per sé: la superficie trattata della pelle di capra era sicuramente meno estesa di quella di una gazzella o di un cammello. Pertanto i copisti prendevano in conto una serie di parametri tecnici prima di procedere con il lavoro di scrittura, tenendo in mente quale fosse il materiale impiegato e le dimensioni del prodotto una volta finito, le dimensioni ideali della scrittura, i destinatari finali ovvero coloro i quali avrebbero letto il manoscritto. Se i lettori destinatari finali fossero stati i membri di popolazioni nomadi, certamente avrebbero trovato più agevole il trasporto di copie di dimensioni particolarmente ridotte e corredati da astucci creati appositamente per la conservazione.[87]

Le medesime considerazioni valevano per le copie in pergamena.

2. I materiali

Il papiro

Il papiro è una antica pianta originaria della valle del Nilo, in Egitto. I fusti di tale pianta crescono spontaneamente lungo i corsi d'acqua e crescono sviluppandosi in altezza: i fusti possono raggiungere i sei metri di altezza. È stato utilizzato come supporto scrittorio sia dai Greci che dai Romani già molto tempo prima della nascita di Cristo; in seguito è stato sostituito dall'impiego della pergamena e della carta.

La letteratura latina offre una spiegazione dettagliata di come si produceva il foglio di papiro; Gaio Plinio Secondo il Vecchio (23-79 d.C.) riportava nel *Libro 13, paragrafi 72-80* della Storia Naturale la descrizione dettagliata dei luoghi dove cresce la pianta, i processi di lavorazione e la qualità del prodotto, quali sono gli utilizzi delle diverse parti. Una volta tagliato in due il fusto, il midollo interno veniva ridotto in strisce sottili che venivano posizionate le une accanto alle altre in senso orizzontale, su una superficie piana; un secondo strato di strisce sottilissime sovrapposte in senso verticale sul primo completava il foglio che, una volta inumidito con l'acqua del fiume Nilo, veniva sottoposto a lavoro di pressatura lasciandole poi essiccare naturalmente, esponendole alla luce del sole. [88] A causa della scarsa resistenza, delle inappropriate maniere di conservazione cui sono stati sottoposti nel corso dei millenni, sono pochi i documenti islamici riportati su fogli di papiro giunti in buone condizioni sino ai giorni nostri.[89]

La pergamena

Il papiro viene sostituito prima dalla pergamena, successivamente dalla carta. La pergamena venne impiegata in Medio Oriente a partire dall' XI sec. d.C.[90] A differenza del papiro che cresceva solo ed esclusivamente in determinate zone, la pergamena poteva essere prodotta praticamente ovunque: la pelle utile alla sua produzione era ricavata da pecore, capre, gazzelle, cammelli, animali presenti in tutto il mondo arabo-islamico. Dopo averle sottoposto a trattamenti specifici per l'eliminazione dei peli con miscugli a base di calce o datteri, e per la ripulitura della parte interna a contatto con la carne grazie all'ausilio di un oggetto dotato di lama, le pelli venivano messe a 'stirare' legate ad un telaio in legno e poste ad essiccare al sole su una base di legno; successivamente, per levigare la superficie si passava una pietra pomice. Eventualmente si passava della polvere di gesso sulla parte interna, naturalmente di colore giallo intenso, per sbiancarlo sino a raggiungere la stessa gradazione di colore del lato esterno.[91]

Una tecnica originale messa a punto a Bisanzio era quella della colorazione della pergamena. Esemplare è il caso del 'Corano blu', manoscritto prodotto in Tunisia nel IX secolo: caratteri cufici dorati contornati di color argento, su foglio di pergamena blu precedentemente tinto di indaco. La scelta di colorare la pergamena era puramente estetica, per conferire ulteriore prestigio al manoscritto, quindi non funzionale al testo.[92 93]

La carta

Si ritiene che lo scopritore della carta fosse l'eunuco cinese Cai Lun, agli inizi del II secolo.[94] I primi frammenti di carta erano composti da fibra ricavate dai fusti di piante di canapa e di Boehmeria nivea, pianta asiatica della famiglia delle Urticacee; quest'ultima in particolare produceva una fibra bianca e resistente, la ramia o ramié. Nei secoli successivi vennero impiegati altri materiali, come la seta i cui costi di produzione e lavorazione, tuttavia, erano decisamente meno economici rispetto all'impiego di materiali vegetali, e del bambù.

Dovettero trascorrere quasi mille anni perché il nuovo materiale scrittorio giungesse nel cuore dell'Europa, almeno ciò non prima dell'introduzione nel mondo arabo in seguito ad un evento particolare.

A metà dell' VIII secolo nel corso di una battaglia svoltasi sul fiume Talas nell'odierno Kazakistan, le forze musulmane fecero prigionieri i cinesi, alcuni dei quali sapevano come produrre la carta, perché con tutta probabilità avevano assistito più volte all'intero processo produttivo nel paese di origine;[95] costoro furono portati a Samarcanda, quindi obbligati con la forza a svelare il loro metodo fino ad allora tenuto segreto e a costruire la prima cartiera, producendo la prima carta fatta di fibra di lino mista a canapa.[96]

Da quel momento le cartiere si diffusero in tutto il Medio Oriente. Nell' XI secolo Baghdad, Damasco, Tripoli e il Cairo divennero i centri di produzione della carta che prendeva il nome dalla città dove veniva prodotta (un secolo più tardi gli Arabi introdussero la fabbricazione della carta anche in Africa settentrionale, in Spagna e in Sicilia). Tuttavia l'imperatore Federico II nel 1231 vietò l'utilizzo della carta bambagina[97] (o 'Carta di Amalfi' dal luogo di produzione), per la trascrizione degli atti pubblici perché ritenuta di scarsa qualità, meno resistente all'usura per l'utilizzo della colla d'amido ricavata dal riso come collante invece della gomma cinese (seguendo il metodo arabo), invitando a proseguire nell'impiego della classica pergamena. Solo nel XIV secolo la carta rimpiazzerà definitivamente la pergamena in Europa. Centro della produzione per eccellenza era la città di Fabriano con un metodo diverso rispetto a quello arabo; tra questi vi era la produzione di carta filigranata. Le filigrane erano immagini create grazie ad un macchinario che imprimeva una determinata pressione, su di un foglio, ricreando un disegno creato precedentemente, chiaramente visibile quando il foglio di carta veniva messo in controluce. Infatti i produttori marchiavano i prodotti per rivendicarne l'autenticità, come segno di garanzia.

La carta filigranata prodotta in Italia era di buona qualità grazie all'impiego di materie prime selezionate sottoposte a processi di lavorazione scrupolosi, al punto che le richieste di approvvigionamento provenivano anche dal Nord Africa. Qui i musulmani, però, ebbero difficoltà nel lavoro di copiatura dei testi sacri, poiché la carta filigranata prodotta in Europa riportava impressi simboli e figure particolari, uno su tutti la croce. Il primo marchio noto, il simbolo di una croce, è datato 1293 e prodotto a Fabriano.[98]

3. Il copista e gli strumenti per la scrittura

Il copista ha a disposizione tre strumenti: il calamo, il calamaio, l'inchiostro.

La parola 'calamo' deriva dall'arabo *al-qalam* che a sua volta deriva dal greco *kálamos*.

Ricavata da piante di canna comune (Arundo donax) e di canna di palude di diametro sottile

(Phragmites communis), la materia prima deve avere un diametro ideale di 1,5 cm, quindi tagliata trasversalmente con un coltello (*sikkīn*, o *mudyah*)[99] in modo da ottenere una punta che successivamente sarebbe stata rifilata, rendendola idonea per la scrittura e ulteriormente incisa fino a scrivere su pergamena e su carta con lo stile calligrafico desiderato.

Il calamaio (*mahbarah*) era sempre di forma rotonda e mai quadrata per evitare addensamenti dell'inchiostro che veniva regolarmente rimescolato dal copista con l'ausilio di un bastoncino. Di solito il calamaio era munito di un tampone di cotone su cui poggiare il calamo, per liberarlo dell'inchiostro in eccesso.[100] Accessori utili per mantenere denso l'inchiostro erano i contenitori per l'acqua (*mimwah*), per la sabbia (*mimalah*) e una sostanza in grado di asciugare la sabbia (*mujaffif*) si trovavano riuniti insieme. Tra i copisti era diffuso l'impiego di numerosi accessori. Tra questi vi era il righello (*mistarah*), il brunitoio (misqalah,), le forbici (*miqass*), il compasso (*bīkār*). Particolarmente diffusi erano anche i leggii richiudibili, a forma di X (*kursī*, *mirfa*ʾ) dove venivano poggiati i libri anche durante l'operazione di copiatura.[101] [102]

4. Il ruolo delle donne

L'Islam incoraggiava la popolazione ad imparare a leggere e a scrivere, perché permetteva la diffusione della cultura. In questo non esistevano discriminazioni sessuali: la calligrafia, considerata essere un'arte applicata sia in ambito religioso che ufficiale, poteva essere praticata sia dagli uomini sia dalle donne. Le nozioni acquisite dalle donne in campo culturale permisero loro di ricoprire ruoli importanti presso le corti (*diwans*), aiutando i califfi nel disbrigo degli affari. Queste donne, che erano per lo più schiave, erano apprezzate per la loro capacità di curare la calligrafia e di essere attente nelle operazioni di controllo conseguenti la ricopiatura dei manoscritti. Sembra che a Cordoba, in Spagna, fossero presenti 170 donne la cui attività principale consisteva nella copiatura del Corano in caratteri cufici.[103]

Asma Sayeed ha condotto approfondite ricerche circa il ruolo delle donne nell'ambito dell'educazione religiosa. In uno dei suoi articoli ha documentato come caso di studio emblematico la figura di Shuhda alKatiba, già presentata dal suo biografo contemporaneo Al-Sam'ani come una esemplare studiosa di Baghdad, che eccelleva nello studio di diverse discipline, calligrafia compresa (il soprannome al-Katiba si traduce con 'la scrittrice'); nel tempo, da semplice allieva fu promossa a insegnante.[104] L'importanza di sapere scrivere con uno stile armonioso era talmente grande da indurre gli scrittori del tempo ad equiparare la calligrafia ad una donna dai tratti somatici raffinati; una donna dotata di entrambe le doti era da considerarsi 'fortunata'.

5. La legatura e le coperte

Fino al XII secolo solamente una esigua quantità di fascicoli era tenuta insieme tramite cucitura e rilegatura: ma erano tenuti sciolti, conservati ponendoli gli uni sopra gli altri, oppure in cofanetti appositamente prodotti e variamente decorati.

Il metodo più diffuso in assoluto era la cucitura a catenelle. I fascicoli, tenuti insieme da un solo filo di cotone, di canapa e in casi ancora più rari di seta.[105]

Custodie e astucci

Dapprima in tessuto, progressivamente perfezionati fino alla produzione di modelli in cofanetti variamente ornati, l'impiego di custodie e astucci si diffuse rapidamente. Obiettivo principale era la protezione del manoscritto dagli agenti esterni.

I primi esemplari in legno fungevano da bauli e dovevano avere dimensioni abbastanza grandi da contenere una certa quantità di volumi; con il passare del tempo gli artigiani avevano creato contenitori di dimensioni di molto ridotte. Ne sono un esempio i contenitori ritrovati in Africa occidentale, minuscole borse di cuoio muniti di correggia, ideali per la protezione di fogli o bifogli tenuti insieme non necessariamente da rilegatura.

Nel mondo della legatoria, l'ornamento delle coperte in cuoio è entrato in uso nel mondo islamico nel XIV secolo e avveniva con tecniche molto diverse rispetto all'impiego di stampi. Uno dei più diffusi era l'incisione del cuoio grazie all'impiego di un utensile dotato di estremità appuntita e tagliente, con cui si andava ad incidere delicatamente la pelle. Un'altra tecnica di lavorazione prevedeva l'uso di ferri a secco, incandescenti immersi in acqua, freddi, a seconda della qualità del decoro desiderata e successivamente impressi sulla parte di cuoio da lavorare, precedentemente ammorbidita.

La lavorazione a filigrana richiede una lavorazione particolare. Il cuoio, sovrapposto ad uno strato di tessuto colorato, veniva intagliato fino a riprodurre il motivo di un arabesco e il bordo contornato impiegando la filigrana d'oro o d'argento.[106]

Doratura tramite impressione (a caldo e su foglia d'oro) e doratura a pennello con oro liquido. Le prime apparizioni di elementi dorati piccoli e semplici come filetti e rondelle, risalgono all'epoca della conquista ottomana; a partire dal XVI secolo le superfici dorate divennero sempre più ampie con placche a pieno campo e con l'aggiunta eventuale di cornici rettangolari.

Doratura tramite impressione. Il disegno veniva riprodotto sulla pelle imprimendo dapprima dei ferri freddi; avendo riempito i solchi lasciati dall'impressione facendo passare un pennello precedentemente imbevuto nell'albume d'uovo, sovrapposta una sottilissima foglia d'oro, si procedeva imprimendo ferri riscaldati nello stesso punto dove il motivo era stato impresso a secco. L'abilità dell'artigiano stava soprattutto nel centrare con precisione assoluta il disegno con i ferri, nella seconda fase dell'ornamento. La lucidatura tramite brunitoio completava l'intera operazione.

Doratura a pennello. La sospensione di oro in polvere e colla di pesce veniva dipinta sul cuoio o su un motivo impresso a caldo. La coloritura poteva riguardare l'intero motivo oppure solamente il fondo, creando un contrasto con i colori dei rilievi; cosicché la resa della doratura era decisamente più tenue rispetto a quella ottenuta tramite l'impiego della foglia d'oro.

Verniciatura. Talvolta le coperte erano sottoposte a verniciatura: su uno strato di gesso, una volta praticato il disegno con tempere ad olio, venivano passate diverse mani di vernice incolore. Ne è un esempio la coperta ritrovata in Mauritania e risalente al XIX secolo.[107]

Goffratura. Con il metodo della goffratura si ottenevano dei disegni decorativi in rilievo, venivano tracciati per lo più degli arabeschi, lavorando con l'impiego di un tampone intagliato una superficie facilmente deformabile come il cuoio trattato. In altri casi la goffratura veniva creata grazie all'ausilio di un attrezzo in metallo *a freddo* oppure *a secco* che, dapprima riscaldato per essere modellato a seconda del motivo decorativo prescelto, era impresso sulla grana del cuoio. L'effetto creato era percepibile al tatto perché in rilievo rispetto al piano di base e suggestivo a vedersi.[108]

6. Gli inchiostri

Sono state tramandate per iscritto sotto forma di poemi e di trattati specifici, le ricette seguite per la preparazione degli inchiostri. A Mu'izz ibn al-Bādīs è attribuito il trattato *Kitāb 'Umdat al-kuttāb wa'uddat ḏawī 'l-albāb*[109] (*Libro degli scribi e strumento dei saggi*) ripartito in dodici capitoli. Terzo emiro degli Ziridi, vissuto nel XI secolo,[110] descrive con dovizia di particolari tutto quanto riguarda il mondo della scrittura, dalla creazione del calamo e degli accessori alla preparazione degli inchiostri con relative ricette, per passare in rassegna le tecniche di fabbricazione della carta e la rilegatura.

Inchiostro al carbonio

Il nerofumo o nero di lampada (*midād*)[111] ricavato tramite la bruciatura del carbone, successivamente polverizzato, quindi mescolato con acqua cui viene aggiunto un addensante, in genere la gomma arabica[112] [113] oppure il bianco d'uovo.[114] Come testimoniato attraverso trattati specifici, nelle ricette si legge l'utilizzo di sostanze come grassi vegetali e animali; [115] carbonizzando la lana di pecora appena tosata e quindi non lavorata e disperdendo la fuliggine in acqua argillosa si ottiene un altro tipo di inchiostro (*smak*).[116]

Inchiostro ferro-gallico

Con la lavorazione di materie naturali come le noci di galla (escrescenze degli alberi ricche di acido tannico, provocate dalle punture degli insetti per depositare le uova)[117] e con l'aggiunta di solfato ferroso (vetriolo verde) e di gomma arabica si riesce ad ottenere un inchiostro. Dato il maggiore contenuto di tannino, talvolta veniva impiegata la parte legnosa del melograno.

Inchiostri colorati

Gli inchiostri colorati venivano impiegati per risaltare un particolare nel testo come il titolo, una parte del testo, una parola, sistemi di vocalizzazione, apposizione di punti diacritici, testi a margine.

I copisti arabo-islamici hanno ereditato dal passato l'impiego dell'inchiostro rosso nei loro manoscritti.[118] Questo colore in particolare è stato utilizzato per mettere in evidenza alcune parti del testo, come il titolo, la parte iniziale delle sure, la vocalizzazione stessa delle lettere, la sottolineatura di certe parole, la rubricazione.[119]

Il settimo capitolo del trattato di Ibn Bādīs è interamente riservato all'«arte della scrittura con oro, argento, rame, stagno e i loro sostituiti».[120] Alla base della preparazione di questi colori c'era la lavorazione della materia prima, ridotta in polvere, poi mischiata con gomma adragante.[121]

I copisti facevano uso di oro e argento per miniare i manoscritti che in questo modo acquisivano un valore maggiore. I titoli e la numerazione dei versetti in abğad[122] erano scritti in caratteri oro; anche il Corano Blu aveva i caratteri in oro.

Furono creati inchiostri particolari per trasmettere messaggi segreti. Gli inchiostri segreti (detti anche «simpatici») sono definiti come quei fluidi che quando sottoposti a determinati trattamenti o cambiano colore, scompaiono o compaiono tramite l'azione del calore o di una reazione chimica. Le ricette tramandate da Ibn Bādīs appartengono all'ultima categoria. Essi includono l'uso di yogurt, clorammonio, latte e vetriolo bianco come inchiostri primari. I materiali secondari sono la soluzione di noce di galla, ceneri di carta, e agutoli. Questo inchiostro solitamente può essere svelato avvicinando alla superficie una fonte di calore.[123]

Gli inchiostri colorati contengono pigmenti che, essendo costituiti da particelle finissime di diverso tipo, impartiscono colore ad una sostanza non colorata. [124] Ibn Bādīs nel suo trattato ha raggruppato le ricette in base ai colori: rosso, giallo, verde.

Per la produzione di pigmento rosso venivano impiegati diversi ingredienti, come il mallo di noce, il succo di mirtillo e la buccia di melagrana; il pigmento veniva preparato con il verderame polverizzato; per il giallo si impiegava l'arsenico giallo ridotto in polvere poi diluito in acqua, mentre per ottenere un colore giallo brillante tendente all'oro rosso era necessario l'impiego della polvere di zafferano. Tra i colori più comunemente utilizzati per la scrittura c'erano il *blu pavone*, composto da un impasto di semi di coriandolo e gomma arabica, e il pistacchio, risultato di cinabro messo a bollire e unito a gomma arabica e acqua.[125]

BIBLIOGRAFIA

AL-HASSAN AHMAD Y., *Science and Technology in Islam: Technology and applied sciences*, UNESCO, Parigi, 2001.

ARNOULT JEAN MARC, *Mauritanie. Proposition de measures de preservation et de conservation des villes anciennes (Chinguetti, Ouadane et Akjoùit)*, UNESCO, Parigi, 1989.

ATIYEH GEORGE NICHOLAS, *The Book in the Islamic World: The Written Word and Communication in the Middle East*, SUNY Press, Albany, NY, 1995.

BIGGERI MARIO – VOLPI FRANCO, *Teoria e politica dell'aiuto allo sviluppo*, Franco Angeli, Milano 2007.

BIGNANTE ELISA - DANSERO EGIDIO - SCARPOCCHI CRISTINA, *Geografia e cooperazione allo sviluppo temi e prospettive per un approccio territoriale*, Franco Angeli, Milano, 2006.

BLACK MAGGIE, *La cooperazione allo sviluppo internazionale*, Carocci Editore, Roma, 2004.

BLOOM JONATHAN, *Paper Before Print: The History and Impact of Paper in the Islamic World*, Yale University Press, 2001.

BONAGLIA FEDERICO – DE LUCA VINCENZO, *La cooperazione internazionale allo sviluppo*, Il Mulino, Bologna, 2004.

CARDONA GIORGIO RAIMONDO, *Storia universale della scrittura*, Mondadori, Milano, 1986.

CARONNA MARIO, *Economia italiana oggi*, Jaca Book, Milano, 1981.

CECCHI CLAUDIO - BASILE ELISABETTA, *Diritto all'alimentazione agricoltura e sviluppo: atti del 41. Convegno di studi, Roma, 18-20 settembre 2004*, Società italiana di economia agraria, Franco Angeli, Milano, 2006.

CIPOLLA COSTANTINO, *Il co-settore in Italia. L'associazionismo prosociale tra logica di confine e logica correlazionale*, Franco Angeli, Milano, 2009.

DEGNBOL-MARTINUSSEN JOHN-ENGBERG-PEDERSEN POUL, *Aid: Understanding International Development Cooperation*, Zed Books, Londra, 2003.

DÉROCHE FRANÇOIS - SAGARIA ROSSI
VALENTINA, *I manoscritti in caratteri arabi*,
Viella, Roma, 2012.

DRÈGE JEAN-PIERRE, *Les débuts du papier
en Chine*, in «Comptes rendus des séances de
l'Académie des Inscriptions et Belles-Lettres»,
CXXXI, 1987, n. 4.

FASCIANI GIOVANNA, *Gli africani parlano
dello sviluppo*, Scriptaweb, Napoli, 2006.

GACEK ADAM, *Arabic Manuscripts. A
Vademecum for Readers*, Brill, Leiden - Boston,
2009.

GAUDIO ATTILIO, *Le dossier de la Mauritanie*,
Nouvelles Editions Latines, Parigi, 1978.

GAUDIO ATTILIO, *Les bibliothèques du désert:
recherches et études sur un millénaire d'écrits:
actes des colloques du CIRSS (1995- 2000) /
réunis et présentés par Attilio Gaudio*,
L'Harmattan, Parigi, 2002.

GAUDIO ATTILIO, *Mauritania Alla scoperta
delle antiche biblioteche del deserto*, Polaris,
Vicchio di Mugello, 2002.

GAUDIO ATTILIO, *Mauritania, il sapere delle
sabbie*, Polaris, Vicchio di Mugello, 2002.

GAUR ALBERTINE, *La scrittura. Un viaggio attraverso il mondo dei segni*, Edizioni Dedalo, Bari, 1997.

GIACOMELLO ALESSANDRO, PESARO ALESSANDRO, ZANELLA IRENE, *Il progetto "Salvaguardia delle biblioteche del deserto" in Mauritania: rapporto tecnico, cronologia*, Regione autonoma Friuli-Venezia Giulia, Passariano, 2010.

HAMES CONSTANT, *Pour une histoire de Boutilimit*, in «Journal des africanistes», LV, 1985, n. 1.

JACQUES GUY, *Les Saharas cachés: Une méharée imaginaire*, Société des écrivains, Parigi, 2014.

JACQUES-MEUNIÉ DJINN, *Cités caravanières de Mauritanie - Tichite et Oualata*, in «Journal de la société des africanistes», 27, 1957, n. 1.

KRÄTLI GRAZIANO, *The Book and the Sand: Restoring and Preserving the Ancient Desert Libraries of Mauritania — Part 1*, in «World Libraries», XIV, 2004, n. 1.

LEVEY MARTIN, *Mediaeval Arabic Bookmaking and its Relation to Early Chemistry and Pharmacology*, American Philosophical Society, Philadelphia, 1962.

LOVEJOY PAUL E., *Salt of the desert sun. A history of Salt Production and Trade in the Central Sudan*, Cambridge University Press, 1986.

LYDON GHISLAINE, *Inkwells of the Sahara: Reflection on the Production of Islamic Knowledge in Bilad Shinquit*, p. 44, in «The transmission of Learning in Islamic Africa», REESE SCOTT, Brill, Leiden, 2004.

MALENA CARMEN, *Working with NGOs: a practical guide to operational collaboration between the World Bank and nongovernmental organizations*, World Bank Operations Policy Department, Washington, DC, 1995.

MANTOVANI AGOSTINO, *Volontariato e cooperazione internazionale*, Paoline, Milano, 2004.

MARINI FRANCESCO, *Co-sviluppo e integrazione. Le associazioni ghanesi in Italia e nel Regno Unito*, Franco Angeli, Milano, 2015.

MASCITELLI DANIELE, *L'arabo in epoca preislamica: formazione di una lingua*, L'Erma di Bretschneider, Roma, 2006.

MAUNY RAYMOND, *Tableau géographique de l'ouest africain au moyen age, d'après les sources écrites, la tradition et l'archéologie*, Institut français d'Afrique Noire, Dakar, 1960.

MAUNY RAYMOND, *Villages néolithiques de la falaise (Dhar) Tichitt-Oualata*, in «Notes Africaines», L, 1951.

MORINO LINA, *La Comunità europea e l'Africa*, Dedalo libri, Bari, 1975.

MORLACCHI MARCELLA, *Il libro del disegno. Nozioni di base per rappresentare l'architettura con la matita, con la penna, con il colore, con il computer*, Gangemi Editore, Roma, 2008.

MUSOLINO MAURIZIO, *Piccolo dizionario dell'Islam*, EdUP, Roma, 2001.

NORRIS H. T., *Mūrītāniyā*, in «Encyclopaedia of Islam, Second Edition», (a cura di) BEARMAN PERI, BIANQUIS THIERRY, BOSWORTH EDMUND, VAN DONZEL EMERI, HEINRICHS WOLFHART, Brill, Leiden, 1960 – 2005.

OHTA ALISON, *Filigree Bindings of the Mamluk Period*, in «Muqarnas: An Annual on the Visual Culture of the Islamic World», XXI, 2004.

OZAWA TETSUO, *Isolation and characteristics of new phenolic glycosides of chestnut galls*, in «Agric. Biol. Chem.», 1977, n. 41.

PLINIO IL VECCHIO (GAIO PLINIO SECONDO), *Storia naturale - vol. III.1 - Botanica. Libri 12-19*, Traduzione e note di Andrea Aragosti, Roberto Centi, Franca Ela Consolino, Anna Maria Cotrozzi, Francesca Lechi, Alessandro Perutelli, Einaudi, Torino, 1989.

PORTER YVES, *Peinture et arts du livre. Essai de littérature technique indo-persane*, Peeters Publishers, Parigi, 1992.

REBSTOCK ULRICH, *Sammlung arabischer Handschriften aus Mauretanien: Kurzbeschreibungen von 2239 Handschrifteneinheiten, mit Indices*, Harrassowitz, Wiesbaden, 1989.

REES JUDITH A. – SMITH IAN - WATSON JENNIE, *Pharmaceutical Practice*, Churchill Livingstone, 2014.

REESE SCOTT S., *The Transmission of Learning in Islamic Africa*, Brill, Leiden, 2004.

RICCIO BRUNO, *Les associations de Sénégalais en Italie. Construction de citoyenneté et potentialités de co-*

développement, in «REVUE Asylon(s)», 2008, n. 3.

RIES JULIEN, *I caratteri dell'islam*, Jaca Book, Milano, 2007.

SASSETTI MARCO, *Tourisme culturel et sauvegarde du patrimoine en Mauritanie: les manuscrits de Chinguetti, fa parte di Les bibliothèques du désert: recherches et études sur un millénaire d'écrits: actes des colloques du CIRSS (1995-2000) / réunis et présentés par Attilio Gaudio*, L'Harmattan, Parigi, 2002.

SAYEED ASMA, *Muslim Women's Religious Education in Early and Classical Islam*, in «Religion Compass», V, 2011.

STEWART CHARLES C. e altri, Catalogue of Arabic Manuscripts at The Institut Mauritanien de la Recherche Scientifique, in «Islam et Sociétés au sud du Sahara», 1990, n. 4.

STOCCHIERO ANDREA, *"Sei personaggi in cerca d'autore". Il cosviluppo in Italia: pratiche senza politica*, CeSPI, Working Papers, 60/2009.

SITOGRAFIA

http://www.africa70.org/

http://www.agenziacooperazione.gov.it/?page_i
d=3803

http://www.agriconsultingeurope.be/en/referen
ces/supportmunicipalit y-chinguetti/

http://www.arcadellarte.it/arcaarte/

http://www.associazione-venus.it/it/2012-10-
18-06-52-20/marco-sassetti

http://caos.blogs.liberation.fr/2015/06/21/la-
sorbonne-du-desert/

http://www.cavalieridimalta.org/

http://www.cooperazioneallosviluppo.esteri.it/

http://www.cooperazioneallosviluppo.esteri.it/p
dgcs/italiano/speciali/Beniculturali/

http://expositions.bnf.fr/livrarab/grands/re_04
.htm

http://www.governo.it/approfondimento/coope
razione-italianaallosviluppo-la-riforma/2955

http://www.mr.undp.org/content/mauritania/fr/home/countryinfo/

http://www.serviziocivile.gov.it/menu-dx/obiezionedicoscienza/storia-dellobiezione-di-coscienza/

http://www.terresolidali.org/B010_Mauritanie_Chinguetti_biblioteche.asp

http://www.treccani.it/enciclopedia/tag/al-mu-izz-ibn-badis/

http://www.treccani.it/vocabolario/uadi/

http://www.westafricanmanuscripts.org/

http://www.xe.com/it/currencyconverter/convert/?Amount=20000000&From=MRO&To=EUR

NOTE

[1] C. CAUSSE, *La Sorbonne du désert*
http://caos.blogs.liberation.fr/2015/06/21/lasorbonne-du-desert/ , 21/06/2015, agg. 03/08/2015 (ultima consultazione: 14/09/2016).
[2] J.M. ARNOULT, *Mauritanie. Proposition de measures de preservation et de conservation des villes anciennes (Chinguetti, Ouadane et Akjoùit)*, UNESCO, Parigi, 1989.
[3] G. FASCIANI, *Gli africani parlano dello sviluppo*, Scriptaweb, Napoli, 2006, pp. 187-194.
[4] http://www.cooperazioneallosviluppo.esteri.it/pdgcs/italiano/speciali/Beniculturali/.
[5] «Nel 1023 alcuni mercanti da Amalfi e Salerno ebbero il permesso dall'Imfatimide d'Egitto al-Zāhir (reg. 1021-1036), pagando un tributo annuo, di costruire in Gerusalemme una chiesa, un convento ed un ospedale. L'Ospedale, che fu edificato sul luogo del monastero di San Giovanni Battista, serviva i pellegrini cristiani che viaggiavano per visitare i paesi e i luoghi dove Gesù era nato, vissuto, morto, risorto e asceso al cielo. Questa struttura era retta da monaci benedettini. La chiesa fu perciò dedicata a San Giovanni Battista e lì nacque una comunità monastica denominata "l'Ordine di San Giovanni di Gerusalemme" – che ebbe a dedicarsi principalmente alla gestione dell'ospedale con il preciso scopo di dare assistenza ai pellegrini in Terra Santa.» http://www.cavalieridimalta.org/.

[6] E. BIGNANTE - E. DANSERO - C. SCARPOCCHI, *Geografia e cooperazione allo sviluppo temi e prospettive per un approccio territoriale*, Franco Angeli, Milano, 2006, pp. 132-148.

[7] «L'acronimo Ong sta per Organizzazione non governativa: un termine che indica una qualsiasi organizzazione o associazione locale, nazionale o internazionale di cittadini che non sia stata creata dal Governo, non faccia parte di strutture governative e che sia impegnata nel settore della solidarietà sociale e della cooperazione allo sviluppo.» http://www.cooperazioneallosviluppo.esteri.it/.

[8] Con gli accordi di Bretton Woods del 1944 ed entrati in vigore l'anno successivo, furono istituiti il nuovo Fondo monetario internazionale (International Monetary Fund, IMF) e la Banca Mondiale (World Bank, WB); riconosciute entrambe come Istituzioni finanziarie internazionali (International Financial Instiitution, IFI), hanno avuto una crescente importanza nell'ambito dello sviluppo di attività di cooperazione multilaterale. M. BIGGERI - F. VOLPI, *Teoria e politica dell'aiuto allo sviluppo*, Franco Angeli, Milano, 2007, p. 31.

[9] L'Unione Europea fa parte degli attori multilaterali «in quanto l'aiuto viene canalizzato da una organizzazione internazionale (per quanto limitata regionalmente). Tuttavia essa differisce dalle altre organizzazioni dell'aiuto multilaterale in quanto i paesi in via di sviluppo non partecipano direttamente negli organismi Ue che determinano obiettivi e attuazione degli aiuti». J. DEGNBOL-MARTINUSSEN, P. ENGBERG PEDERSEN, *Aid: Understanding International Development Cooperation*, Zed Books, Londra, 2003. p. 95)

[10] F. BONAGLIA – V. DE LUCA, *La cooperazione internazionale allo sviluppo*, Il Mulino, 2004, pp. 36-41.

[11] C. MALENA, *Working with NGOs: a practical guide to operational collaboration between the World Bank and nongovernmental organizations*, World Bank Operations Policy Department, Washington, DC, 1995, p. 14.

[12] M. CARONNA, *Economia italiana oggi*, Jaca Book, Milano,1981, p.120.

[13] L. MORINO, *La Comunità europea e l'Africa*, Dedalo libri, Bari, 1975, p.177.

[14] Commissione Europea, *20 Domande e risposte sulla Convenzione di Lomé tra la Comunità europea e i paesi dell'Africa, dei Caraibi e del Pacifico*, DE 84, 1996.

[15] C. CECCHI - E. BASILE, *Diritto all'alimentazione agricoltura e sviluppo: atti del 41. Convegno di studi*, Roma, 18-20 settembre 2004, Società italiana di economia agraria, Franco Angeli, Milano, 2006, p.177-178.

[16] M. BLACK, *La cooperazione allo sviluppo internazionale*, Carocci Editore, Roma, 2004. pp. 19-20.

[17] *Ivi*, pp. 17-19.

[18] A. MANTOVANI, *Volontariato e cooperazione internazionale*, Paoline, Milano, 2004, p. 36.

[19] A. COSSETTA, *Sviluppo e cooperazione. Idee, politiche, pratiche: Idee, politiche, pratiche*, Franco Angeli, Milano, 2009, p. 152.

[20] «Passò così la legge 15 dicembre 1972, n. 772 che dava il diritto all'obiezione e al servizio civile sostitutivo per motivi morali, religiosi e filosofici.» http://www.serviziocivile.gov.it/menu-dx/obiezione-di-coscienza/storia-dellobiezione-dicoscienza/.

[21] C. CIPOLLA, *Il co-settore in Italia. L'associazionismo prosociale tra logica di confine e logica correlazionale*, Franco Angeli, Milano, 2000, p. 80.

[22] F. BONAGLIA – V. DE LUCA, *La cooperazione* cit., pp. 66-71.

[23] Legge 26 febbraio 1987, n. 49 'Nuova disciplina della cooperazione dell'Italia con i paesi in via di sviluppo', art. 28 (Riconoscimento di idoneità delle organizzazioni non governative): «1. Le organizzazioni non governative, che operano nel campo della cooperazione con i Paesi in via di sviluppo, possono ottenere il riconoscimento di idoneità ai fini di cui all'articolo 29 con decreto del Ministro degli affari esteri, sentito il parere della Commissione per le organizzazioni non governative, di cui all'articolo 8, comma 10. Tale Commissione esprime pareri obbligatori anche sulle revoche di idoneità, sulle qualificazioni professionali o di mestiere e sulle modalità di selezione, formazione e perfezionamento tecnico-professionale dei volontari e degli altri cooperanti impiegati dalle organizzazioni non governative.».

[24] Legge 26 febbraio 1987, n. 49 'Nuova disciplina della cooperazione dell'Italia con i paesi in via di sviluppo', art. 31

(Volontari in servizio civile) e art. 32 (Cooperanti delle organizzazioni non governative).

25 Legge 26 febbraio 1987, n.49 'Nuova disciplina della cooperazione dell'Italia con i paesi in via di sviluppo', art. 33 (Diritti dei volontari) e art.34 (Doveri dei volontari e dei cooperanti).

26 Cfr.: *Linee di indirizzo e modalità di attuazione della collaborazione della Dgcs con le Regioni e gli Enti locali.*

27 Cfr.: *Accordo quadro tra la Direzione Generale per la Cooperazione allo Sviluppo e l'Associazione Nazionale dei Comuni Italiani e Ministero degli Affari Esteri,* Direzione Generale per la Cooperazione allo Sviluppo (2000). *Linee di indirizzo e modalità di attuazione della collaborazione della DGCS con le Regioni e gli Enti locali,* documento approvato nel marzo 2000 dal Comitato Direzionale per la Cooperazione allo Sviluppo.

28 F. BONAGLIA – V. DE LUCA, *La cooperazione* cit., pp. 76-85.

29 Cfr.: 'Disciplina Generale sulla cooperazione internazionale per lo sviluppo' (L. 11 agosto 2014 n. 125).

30 Cfr.: Legge 11 agosto 2014, n.125, Art. 1 (Oggetto e finalità): «1. La cooperazione internazionale per lo sviluppo sostenibile, i diritti umani e la pace, di seguito denominata «cooperazione allo sviluppo», è parte integrante e qualificante della politica estera dell'Italia. Essa si ispira ai princìpi della Carta delle Nazioni Unite ed alla Carta dei diritti fondamentali dell'Unione europea. La sua azione, conformemente al principio di cui all'articolo 11 della Costituzione, contribuisce alla promozione della pace e della giustizia e mira a promuovere relazioni solidali e paritarie tra i popoli fondate sui princìpi di interdipendenza e partenariato.»

31 «La riforma si basa su tre pilastri fondamentali: la creazione di un Comitato interministeriale per coordinare l'azione di tutti i Ministeri con competenze nel campo della cooperazione; il nuovo ruolo assunto dal Ministero degli affari esteri che prende la denominazione di Ministero degli esteri e della cooperazione internazionale; la nascita dell'Agenzia italiana per la cooperazione allo sviluppo.» http://www.governo.it/approfondimento/cooperazione-italiana-allo-sviluppo-lariforma/2955.

32 http://www.agenziacooperazione.gov.it/?page_id=3803.

33 E. BIGNANTE - E. DANSERO - C. SCARPOCCHI, *Geografia* cit., pp. 71-72.

34 Ministero degli Affari Esteri, *Linee guida della D.G.C.S. sulla cooperazione decentrata*, p. 2.

35 E. BIGNANTE - E. DANSERO - C. SCARPOCCHI, *Geografia* cit., pp. 71-72.

36 F. MARINI, *Co-sviluppo e integrazione. Le associazioni ghanesi in Italia e nel Regno Unito*, Franco Angeli, Milano, 2015, p. 71.

37 B. RICCIO, *Les associations de Sénégalais en Italie. Construction de citoyenneté et potentialités de co-développement*, in «REVUE Asylon(s)», 2008, n. 3, pp. 1-7.

38 A. STOCCHIERO, *"Sei personaggi in cerca d'autore". Il co-sviluppo in Italia: pratiche senza politica*, CeSPI, Working Papers, 60/2009, pp. 5-6.

39 H. T. NORRIS, *Mūrītāniyā*, in «Encyclopaedia of Islam, Second Edition», (a cura di) P. BEARMAN, TH. BIANQUIS, C.E. BOSWORTH, E. VAN DONZEL, W.P. HEINRICHS Brill, Leiden, 1960 – 2005.

40 I dati statistici riguardanti la Mauritania, in costante fase di aggiornamento, consultabili all'indirizzo: http://www.mr.undp.org/content/mauritania/fr/home/co untryinfo/.

41 http://whc.unesco.org/archive/advisory body evaluation /750.pdf

42 S. S. REESE, *The Transmission of Learning in Islamic Africa*, Brill, Leiden, aprile 2004, p. 43.

43 A. GAUDIO, *Mauritania Alla scoperta delle antiche biblioteche del deserto*, Polaris, 2002, p. 131-132.

44 G. JACQUES, *Les Saharas cachés: Une méharée imaginaire*, Société des écrivains, Parigi, 2014, p. 256.

45 A. GAUDIO, *Mauritania* cit., p. 324.

46 http://www.treccani.it/vocabolario/uadi/

47 G. LYDON, *Inkwells of the Sahara: Reflection on the Production of Islamic Knowledge in Bilad Shinquit*, p. 44, in «The transmission of Learning in Islamic Africa», S. REESE, Brill, Leiden, 2004, pp. 39-71.

48 G. JACQUES, *Les Saharas cachés: Une méharée imaginaire*, Société des Écrivains, Parigi, 2014, p. 54.

49 R. MAUNY, *Tableau géographique de l'ouest africain au moyen age, d'après les sources écrites, la tradition et*

l'archéologie, Institut français d'Afrique Noire, Dakar, 1960, p. 484.

[50] A. GAUDIO, *Mauritania, il sapere delle sabbie*, Polaris, 2002, p. 262.

[51] D. JACQUES-MEUNIÉ, *Cités caravanières de Mauritanie - Tichite et Oualata*, in «Journal de la société des africanistes», 27, 1957, n. 1, pp. 19-35.

[52] R. MAUNY, *Villages néolithiques de la falaise (Dhar) Tichitt-Oualata*, in «Notes Africaines», L, 1951, pp. 35-42.

[53] P. E. LOVEJOY, *Salt of the desert sun. A history of Salt Production and Trade in the Central Sudan*, Cambridge University Press, 1986, p. 10.

[54] A. GAUDIO, *Le dossier de la Mauritanie*, Nouvelles Editions Latines, Parigi, 1978, p. 133.

[55] A. GIACOMELLO - A. PESARO - I. ZANELLA (a cura di), *Il progetto "Salvaguardia delle biblioteche del deserto" in Mauritania: rapporto tecnico, cronologia, documenti*, Regione autonoma Friuli-Venezia Giulia, Passariano, 2010, p. 37.

[56] G. KRÄTLI, *The Book and the Sand: Restoring and Preserving the Ancient Desert Libraries of Mauritania — Part 1*, in «World Libraries», XIV, 2004, n. 1, p.22.

[57] U. REBSTOCK, *Sammlung arabischer Handschriften aus Mauretanien: Kurzbeschreibungen von 2239 Handschrifteneinheiten, mit Indices*, Harrassowitz, Wiesbaden, 1989.

[58] C. HAMES, *Pour une histoire de Boutilimit*, in «Journal des africanistes», LV, 1985, n. 1, p. 221.

[59] «AMMS is a bi-lingual database that was developed at the University of Illinois in the late 1980s to describe a collection of Arabic manuscripts in southern Mauritania (Boutilimit). It subsequently has been used to catalogue seven other West African collections including the manuscript libraries at the Institut Mauritanien de Recherche Scientifique, Northwestern University, and the Centre Ahmad Baba in Timbuctu. Currently (during 2011-2) print catalogues from West Africa published by al-Furqan Islamic Heritage Foundation are being added to it.» http://www.westafricanmanuscripts.org/.

[60] C. C. STEWART, *Reading Books by their Covers: Cultural Boundaries in Saharan Africa*, in «Saharan Studies Association Newsletter», XI, 2003, n. 2, p. 2.

[61] C. C. STEWART et. al., *Catalogue of Arabic Manuscripts at The Institut Mauritanien de la Recherche Scientifique*, in «Islam et Sociétés au sud du Sahara», 1990, n. 4, pp. 179-184.

[62] G. KRÄTLI, *The Book* cit., p. 25.

[63] J.M. ARNOULT, *Mauritanie* cit.

[64] A. GAUDIO, *Les bibliothèques du désert: recherches et études sur un millénaire d'écrits: actes des colloques du CIRSS (1995-2000) / réunis et présentés par Attilio Gaudio*, L'Harmattan, Parigi, 2002.

[65] http://www.africa70.org/.

[66] http://www.associazione-venus.it/it/2012-10-18-06-52-20/marco-sassetti

[67] M. SASSETTI, *Tourisme culturel et sauvegarde du patrimoine en Mauritanie: les manuscrits de Chinguetti, fa parte di Les bibliothèques du désert: recherches et études sur un millénaire d'écrits: actes des colloques du CIRSS (1995-2000) / réunis et présentés par Attilio Gaudio*, L'Harmattan, Parigi, 2002, p. 367-388.

[68] http://www.africa70.org/

[69] http://www.agriconsultingeurope.be/en/references/support-municipalitychinguetti/

[70] *Biblioteche nel deserto: un progetto per i manoscritti della Mauritania*, in «Unisi informa», IX, n. 2, p. 5.

[71] http://www.terresolidali.org/B010_Mauritanie_Chinguetti_biblioteche.asp

[72] C. BAFFIONI - FONDATION AHEL HABOTT, *Fondation Sidi Mohamed Ould Habott: bibliothe`que des manuscrits*, Nottetempo, Roma, 2006.

[73] Nel documento, a pag. 42 si legge: «Son budget de fonctionnement ne s'élève en effet qu'à environ 20 millions d'U.M., les investissements réalisés étant financés par la mobilisation de l'aide internationale bi ou multilatérale.» laddove 20 milioni di Ouguiya mauritane corrispondono a 57.045,498 Euro

http://www.xe.com/it/currencyconverter/convert/?Amou
nt=20000000&From=MRO&To   =EUR   (ultima
consultazione: 20/05/2016).

[74] République Islamique de Mauritanie. Ministére du
Commerce, de l'Industrie et du Tourisme. *Stratégie
nationale de développement touristique et programma
d'actions prioritaires (au stade de projet)*, p. 38.

[75] Bureau of Educational and Cultural Affairs (ECA) of the
U.S. Department of State, *Ambassadors Fund for Cultural
Preservation – 2001 Annual Report*, 2001, p. 5.

[76] The World Bank, *Mauritania - Cultural Heritage Project*,
Africa Regional Office, 2000.

[77] Centre du patrimoine mondial, *Lettre du patrimoine
mondial*, UNESCO, Parigi, 2005, n. 49, p. 4.

[78] UNESCO document, *Villes de mémoire: anciens ksour de
Mauritanie*, UNESCO, Parigi, 2005.

[79] A. GIACOMELLO - A. PESARO - I. ZANELLA (a cura di*)*,
*Il progetto "Salvaguardia delle biblioteche del deserto" in
Mauritania: rapporto tecnico, cronologia, documenti*,
Regione autonoma Friuli-Venezia Giulia, Passariano, 2010,
p. 135 -166.

[80] J. A. REES - I. SMITH - J. WATSON, *Pharmaceutical
Practice*, Churchill Livingstone, 2014, p. 134.

[81] http://www.arcadellarte.it/arcaarte/ sito ufficiale del
"Premio Rotondi".

[82] D. MASCITELLI, *L'arabo in epoca preislamica:
formazione di una lingua*, L'Erma di Bretschneider, Roma,
2006, p. 20.

[83] F. DÉROCHE - V. SAGARIA ROSSI, *I manoscritti* cit., p.
174.

[84] M. MUSOLINO, *Piccolo dizionario dell'Islam*, EdUP,
Roma, 2001, p. 49.

[85] J. BLOOM, *Paper Before Print: The History and Impact
of Paper in the Islamic World*, Yale University Press, 2001.

[86] F. DÉROCHE - V. SAGARIA ROSSI, *I manoscritti in
caratteri arabi*, Viella, Roma, 2012, pp. 100-101.

[87] G. KRÄTLI, *The book* cit., pp. 8-9.

[88] P. IL VECCHIO (GAIO PLINIO SECONDO*)*, *Storia
naturale - vol. III.1 -
Botanica*, Einaudi, Torino, 1989, libri 12-19.

[89] A. GACEK, *Arabic Manuscripts. A Vademecum for
Readers*, Brill, Leiden - Boston, 2009, p. 194

[90] *Ivi*, p. 195.

[91] *Ivi*, p. 194.

[92] J. BLOOM, *Paper* cit., p. 196.

[93] J. RIES, *I caratteri dell'Islam*, Jaca Book, Milano, 2007, p. 32.

[94] J. P. DRÈGE, *Les débuts du papier en Chine*, in «Comptes rendus des séances de l'Académie des Inscriptions et Belles-Lettres», CXXXI, 1987, n. 4, pp. 642-644.

[95] Y. PORTER, *Peinture et arts du livre. Essai de littérature technique indopersane*, Peeters Publishers, Parigi, 1992, p. 23.

[96] A. GAUR, *La scrittura. Un viaggio attraverso il mondo dei segni*, Edizioni Dedalo, Bari, 1997, p. 45.

[97] M. MORLACCHI, *Il libro del disegno. Nozioni di base per rappresentare l'architettura con la matita, con la penna, con il colore, con il computer*, Gangemi Editore, Roma, 2008.

[98] A. GACEK, *Arabic* cit., pp. 290-291.

[99] *Ivi*, p. 23.

[100] F. DÉROCHE - V. SAGARIA ROSSI, *I manoscritti* cit., p. 77.

[101] Ivi, p. 81.

[102] A. GACEK, *Arabic* cit., p. 296.

[103] G. N. ATIYEH, *The Book in the Islamic World: The Written Word and Communication in the Middle East*, SUNY Press, Albany, NY, 1995, p. 143-145.

[104] A. SAYEED, *Muslim Women's Religious Education in Early and Classical Islam*, in «Religion Compass», V, 2011, pp. 94–103.

[105] «La piega dei fascicoli presenta fori, o passaggi di cucitura, attraversati dal filo fatto passare sull'esterno dentro un cappio, formato dallo stesso filo, prima di passare al fascicolo successivo.» F. DÉROCHE - V. SAGARIA ROSSI, *I manoscritti* cit., p. 264.

[106] Numerosi esempi di lavorazione a filigrana in: A. OHTA, *Filigree Bindings of the Mamluk Period*, in «Muqarnas: An Annual on the Visual Culture of the Islamic World», XXI, 2004, pp. 267-276.

[107] L'immagine della coperta policroma è visionabile all'indirizzo: http://expositions.bnf.fr/livrarab/grands/re_04.htm.

[108] F. DÉROCHE - V. SAGARIA ROSSI, I manoscritti cit., p. 269.

[109] Ibn Bādīs, *Kitāb 'Umdat al-kuttāb wa-'uddat ḏawī 'l-albāb* pp. 65-67; tradotto in inglese da M. LEWEY, *Mediaeval Arabic bookmaking and Its Relation to Early Chemistry and Pharmacology*, LII, 1962, n.4, (pp. 13-50).

[110] www.treccani.it/enciclopedia/tag/al-mu-izz-ibn-badis/.

[111] A. GACEK, *Arabic* cit., p. 132.

[112] A. Y. AL-HASSAN, *Science and Technology in Islam: Technology and applied sciences*, UNESCO, Parigi, 2001.

[113] *Agroforestry in the West African Sahel*, National Academy Press, Washington, D.C., 1984. La gomma arabica, ricavata dalla corteccia di Acacia Senegal, una leguminosa presente nei territori dell'Africa subsahariana, Mauritania compresa.

[114] IBN BADIS, *'Umdat* cit., p.83; trad. LEVEY, *Mediaeval* cit., p. 17.

[115] IBN BADIS, *'Umdat* cit., p. 80; trad. LEVEY, *Mediaeval* cit., pp. 15-16.

[116] J. BELLAKHDAR, *Hommes et plantes au Maghreb: éléments pour une méthode en ethnobotanique*, Plurimondes, 2008, p. 266.

[117] T. OZAWA, *Isolation and characteristics of new phenolic glycosides of chestnut galls*, in «Agric. Biol. Chem.», 1977, n. 41, pp. 1249-1256.

[118] F. DÉROCHE - V. SAGARIA ROSSI, *I manoscritti* cit., p. 85.

[119] A. GACEK, *Arabic* cit., pp. 173; 227.

[120] F. DÉROCHE - V. SAGARIA ROSSI, *I manoscritti* cit., p. 10.

[121] M. LEVEY, *Mediaeval Arabic Bookmaking and its Relation to Early Chemistry and Pharmacology*, American Philosophical Society, Philadelphia, 1962, p. 32.

[122] «Abjad. Nella tradizione islamica, forse già alla fine del VII sec., ad ogni lettera araba è assegnato anche un valore numerico, come avviene per l'alfabeto greco e per quasi tutte le altre scritture alfabetiche: le prime nove lettere valgono le unità da 1 a 9, le successive diciotto le decine da 20 a 90 e le centinaia da 100 a 900, l'ultima lettera vale 1000». G. R. CARDONA, *Storia universale della scrittura*, Mondadori, Milano, 1986, p. 269.

[123] F. DÉROCHE - V. SAGARIA ROSSI, *I manoscritti* cit., p. 87.

[124] A. GACEK, *Arabic* cit., p. 76.

[125] F. DÉROCHE - V. SAGARIA ROSSI, *I manoscritti* cit., p. 10.